JN409331

목련나무가 있는 집

목련나무가 있는 집

김복임 수필집

수필과비평사

첫 수필집을 펴내며

책을 펴내는 일은 어쩌면 나의 삶을 보여주는 일이다. 여럿이 노래할 때는 나의 투박한 음도 한데 어우러져 아름다운 화음을 이룬다. 하지만 나만의 무대 위에서 멋진 공연을 펼칠 자신이 없었다. 이제 나만의 무대에 홀로 서보련다.

남편은 올해 첫 사과 농사를 지으며 창고와 집을 짓는 일까지 마무리했다. 일 잘하는 그이지만 집 한 채 짓는 일은 보통 일이 아니라며 고개를 흔든다. 어쩌면 책 한 권 내는 일 또한 집 한 채 짓는 일만큼이나 힘든 일이다. 집을 왜 지으려 하는가. 새집에서 안락하게 살고 싶은 욕구 때문이 아닐까. 그렇다고 책은 나를 안락하게 살게 해주는 것은 아니다. 취미생활처럼 이십 여 년 넘게 끄적거려 놓은 글들이 제대로 된 집 하나 지어 달라고 보채기 때문이다. 보채는 정도가 아니라 아예 소리 없이 울고 있었는지도 모른다. 글은 나의 정신이자 곧 나의 실상이다. 어쩌면 그 글들이 지금까지 나의 삶을 견인하고 있었는지도 모를 일이다. 멋진 집이 아니어도, 샛집 한 채 지어 볼 일이다.

이제 마음 편히 살 일만 남은 나이다. 도회지의 삶을 접고

제2의 삶을 찾던 그이가 하는 말, “놀면 뭐할끼고?” 둘이 함께 할 수 있는 일을 찾아 귀농을 하게 되었다.

좌충우돌하며 첫 농사를 마무리했다. 이제 내년 봄, 사과꽃이 필 때까지 장터에 간 엄마를 기다리는 아이의 마음으로 살아가고 싶다.

시냇가에 심은 나무처럼 시절을 따라 열매를 맺게 해주신 주님께 영광을 돌린다.

처음 문학의 길로 인도해주신 유병근 선생님께 머리 숙여 감사드린다. 또 이 책의 발간에 도움을 주신 수필과비평 관계자와 부족한 글을 서평해 주신 허상문 교수님께도 감사의 인사를 올리며 늘 곁에서 쓴 소리를 하지만 엄마에게 ‘복작가’라는 이름을 붙여준 막내딸 향래에게도 고마움을 전한다.

2019년 12월

김복임

차 례

1부

아버지의 우물

2부

오른손이 왼손을

3부

흔적

4부

반달

5부

일 잘하는 남자

1부

아버지의 우물

어린 시절 두레상은 작은 세상이었다. 그 곳에서 넓은 세상소식을 듣기도 하고 지혜를 얻기도 하고 무언의 가르침과 사랑을 받기도 했다. 가슴 저린 눈물을 흘려야 할 때 그 눈물이 치유 되는 곳이기도 하고, 집을 떠난 탕자의 발걸음을 돌리게 하는 것도 밥상 앞에서다. 자연에서 얻어지는 것들이 숙성되어 돌아오는 생명의 귀환이다.

섣달 그믐제

칠흑 같은 밤, 큰 오빠와 작은 오빠는 아버지 뒤를 따라 대문을 나선다. 이 어두운 밤 어디로 가는 것일까. 두근거리는 마음을 진정시키며 검둥이를 데리고 몰래 뒤를 따라 나섰다. 검둥이는 눈에 도깨비불을 번쩍이며 길을 열어준다. 삼봉산 준령이 호위무사처럼 솟아 있다.

갑자기 남포 불이 보이고 '쩡'하는 소리가 들린다. 얼음을 깨는 소리다. 이빨이 마주치며 덜덜 떨리는 순간, 물소리가 나며 아버지가 먼저 물속으로 들어가고 큰 오빠, 작은 오빠가 차례로 물에 들어간다. 잠시 후, 두런거리는 소리가 들리며 물에서 나와 옷을 입는다.

따뜻한 장작불이 사위어 가는 아궁이 떡시루에서는 할아버지 흰 수염 같은 김이 모락모락 오르고 있었다. 검둥이는 마루 밑으로 들어가고 안방 문 위에 시조 할아버지와 시조 할머니 허황옥 왕비 초상화가 위엄 있게 내려다보고 있었다. 이불 밑에 누워 자는 척하는 일도 싫지 않았다.

"동생들 눈썹에 떡가루 바르자."

섣달그믐 저녁의 첫 기억이다.

오빠들 목소리가 멀리서 들리는 듯 수런거린다. 섣달그믐 저녁에 잠을 자면 눈썹이 희어진다는 속설 때문에 눈을 비비며 잠을 쫓던 먼 기억, 다시 돌아가고 싶은 그 날을 이제 어디서 만날까. 70년의 세월이 지난 섣달그믐. 어두운 저녁 용소를 찾아 가고 싶다. 어둡고 추운 그 길을 나와 함께 갈 사람은 이제 아무도 없다. 먼 옛날의 검둥이는 아니지만 우리 집 반려견 마음이는 나를 따라 나설 것이다.

용소에 머물고 있던 깊고 검푸른 물이 무서웠다. 깊은 그곳에는 나를 끌어당기는 무시무시한 용이 살고 있을 것 같아서다.

두려움이 많은 나에게 아버지는

"용소에 살던 용은 큰 용이 되어 주리를 틀고 하늘로 올라갔느니라" 하셨다. 하지만 나는 아직 그곳에 용이 살고 있을 거라는 생각이 지배적이다.

아버지는 굳이 살을 에는 섣달그믐날 저녁에 얼음장을 깨고 용소에 들어갔을까. 지금도 풀리지 않는 의문이다. 작은 오빠에게 물은 적이 있다.

"아버지 고집이셨지! 새롭게 시작하시려는 마음으로."

그 어두운 밤 얼음 속에서 천지신명께 무슨 기도를 드렸을까.

마치 전설처럼 우리 집 마루에 걸려있던 시조 할아버지와 시조 할머니의 고집이 그러했을까.

오래전 세상을 떠난 어머니 생신이 섣달이다. 내 생일도 섣달, 세상을 떠난 큰 오빠 기일도 섣달, 지난해 세상을 떠난 작은 오빠 생신도 섣달그믐이다. 결혼 후 동동거리며 사느라 작은 오빠 생신 날 정신없이 지내다 설날 저녁때쯤 전화 한 통으로 인사를 대신했었다. 그래서일까 섣달은 이래저래 마음이 서러운 달이다.

얼굴도 본적 없는 할아버지 얘기가 떠오른다. 할아버지는 경남 산청 오부면 어디쯤에서 단란하게 사시다 호열병이라는 전염

병으로 부모형제가 세상을 떠났을 때, 집안 어른들의 제안으로 먼 곳으로 이주해서 사셨다고 한다. 어린 소년은 괴나리 봇짐을 지고 길을 떠났다. 함양 팔령재를 지나 전라도 운봉 땅에 정착해 살다 유기그릇을 만드는 기술을 전수 받아 자수성가 했다던 할아버지도 섣달 그믐날 밤에 목욕재계를 하셨다고 들었다.

경호강을 따라 고향 길을 간다. 괴나리봇짐을 지고 가던 소년을 따라 허리 굽은 아버지, 큰 오빠, 작은 오빠도 각고의 짐을 지고 걷던 고적한 그 길을 따라 나도 걸어 본다. 찬 용소에 시린 마음을 담그고, 하늘의 푸른 별이 된 그 분들을 불러보는 섣달 그믐 저녁이다.

샛집

마산에서 진주, 산청, 함양, 팔령재를 지나 2시간 만에 도착한 고향. 오빠들이 먼 하늘나라로 떠나고, 팔순을 바라보는 올케 언니들만 살고 있는 고향, 마음 한구석이 허허롭다. 신작로에 서서 큰 오빠 집을 바라본다. 집 뒤로 푸른 대나무가 청청하다. 어린 시절 컴컴한 대나무 숲은 검은 옷을 입은 귀신들이 나타날 것 같은 무서움의 근원지였다. 그러나 지금 바라보는 그 대나무 숲은 푸른 호수의 윤슬처럼 반짝이고 있다.

지금은 기와집으로 변한 오빠 집터에 검게 빛나던 그 집이 그림처럼 남아 있다. 오래전 사람들은 그 집을 샛집이라고 불렀다. 세월이 지나도 그 집은 반짝이고 있었다. 억새로 이엉을 입힌 집이 샛집이라는 걸 어른이 되고서야 알았다. 고운 옷 한번 입어보지 못한 채, 바람에 흔들리던 그 흰 꽃이 억새다.

면소재지에 살던 친구가 자기 집을 기와집이라 자랑할 때 '우리 집은 삼봉산 평원에서 흰옷 입고 빛나던 억새로 이은 샛집이야' 하며 자랑하고 싶었을 그 집은 몇 가호 안 되는 작은 동네에 독특한 집이었다. 한국 전쟁 때 불타버린 집을 대신해 급하게 집을 짓고 억새로 지붕을 이었다고 한다. 그 집을 지을 때 큰 아버지의 조언이 많이 작용했을 것이다. 아버지가 모시 두루마기를 입고 한량처럼 다니실 때, 큰 아버지는 우리 집 논배미에 물을 대주고 가시는 분이셨다.

친정 동네에서 조금 떨어진 큰집 오빠 댁에 인사를 드리러 갔다. 사촌 형제들은 모두 도시에서 터를 잡고 살고 있고, 팔순이 넘은 둘째 오빠만이 백발이 성성한 채 고향을 지키며 살고 있다. 세상을 떠나신 큰 오빠를 만나는 느낌이다.

"오빠, 큰집도 샛집이었지요?"

"그랬제, 어떻게 그걸 기억하냐."

"학교 다닐 때 큰집 앞을 매일 지나 다녔으니까요"

병자년 수해 때 유기공장과 논밭을 큰 홍수에 떠내려 보내고 급하게 이주한 곳이 그 집이였다고 한다. 아마 1936년 병자년이면 오빠가 돌 지났을 무렵의 이야기다. 팔남매나 되는 형제들이 성장한 그 집을 기억한다. 명절 때나 학교를 오르내릴 때 자주 갔던 곳이다.

"내가 팔팔할 때 두 살 아래 종태 동생이랑 삼봉산을 하루에 두 번씩 억새를 지게에 져 날랐다."

다른 사람 얘기하듯 옛날 일을 기억하며 말씀하신다.

"지붕 위에 올라가서 솔가지로 먼저 지붕을 덮고 그 위에 층층이 억새를 이어가며 지붕을 만들 때의 기분은 아무도 모를 걸!"

오빠는 그 때의 행복감에 젖어 상기된 표정이다. 반짝거리는 억새가 얼굴에 스칠 때 그 간지러움은 아가씨의 손길처럼 부드러웠다는, 오빠의 은발과 억새의 이미지가 이렇게 닮았을까.

네 칸 지붕을 덮으려면 솔가지가 백 짐 정도 필요하고, 억새도 백 짐 정도 필요하다 한다. 오빠는 저 높은 삼봉산을 몇 번이나 오르내렸을까.

억새로 집을 이으면 여름에는 시원하고 겨울에는 따뜻하다. 그 추운 혹한에도 늘 따뜻했던 온돌방, 들판에서 허허로이 손

흔들던 무리들이 오롯이 모여 숨을 쉬니 그 온기가 얼마나 따뜻했겠는가.

한번 이어 놓은 지붕은 30년 이상 견뎌 주었다고 하니 두 번만 수고 하면 평생을 안락하게 살 수 있는 집이 샛집이다. 억새로 지붕을 올린 첫해는 명주빛으로 반짝이며 빛을 더했으리라. 새마을 사업으로 지붕을 개량하라고 할 때 고집을 부려 그대로 두었던 큰집은 오랫동안 검게 퇴색되어 깊은 빛을 더하고 있었다.

태어나서 지금까지 고향을 지킨 사촌오빠는 오랫동안 인삼 농사를 짓고 있다. 이제는 조카가 대물림으로 인삼 농사를 짓고 있다. 오빠는 인삼하고 인연이 맞지 않는 것 같다며, 있는 토지도 팔았다며 아쉬워하신다.

"지리산 가까이 살아도 아직 천왕봉에 올라 본 적이 없네."

평생 농사일에 바빠 갈 수가 없었다는 오빠. 이제는 무릎이 아파서 집에서 바라보이는 삼봉산도 마음뿐이라고 하신다.

할아버지 얘기를 제일 많이 알고, 큰아버지, 우리 아버지, 어머니를 많이 기억하고 있는 오빠가 내게는 가장 가까운 분이다. 사촌 오빠를 몇 번이나 더 만날 수 있을까. 우리의 삶이 억새의 삶과 다른 게 무얼까.

낯선 이와 겸상하다

남천 성당 부근 인문학의 거리라는 작은 길에는 벚꽃이 마치 솜사탕을 부풀려 놓은 것처럼 피어나고 있다. 바람이 살랑 불 때면 꽃 그네를 타듯 가지가 살랑거린다. 망양로에서 눈이 시리게 보던 벚꽃이 남천동에서도 야단법석이다.

한두 번 간 적이 있는 칼국시 집으로 들어갔다. 4인용 식탁이 몇 개 보인다. 식탁마다 두서너 명씩 자리를 잡고 앉았다. 방에는 단체손님들이 앉아 음식을 먹고 있다. 마침 창문 옆에

4인 테이블이 비어있다. 혼자라 미안하지만 앉을 수밖에 없다. 안동 칼국시 한 그릇을 주문하고 앉아 있는데 보라색 자켓을 입은 여인이 식당 안으로 들어온다. 두리번거리는 모습이 앉을 곳이 없기 때문이다. "여기 앉으셔요." 내가 권하는 의자를 보더니 살며시 앉는다. 잠시 침묵이 흐른다. 자리에 앉은 여인은 핸드백에서 책을 꺼내 읽기 시작한다. 앞에 앉은 여인의 책을 훔쳐본다. 제목을 알 수 없다. 시력이 좋은지 붉은 표지의 작은 책을 열심히 읽고 있다. 머리는 단발커트, 보라색 자켓 속에는 회색빛 브라우스 머플러도 자켓과 잘 어울린다. 수수해 보이지만 멋스런 차림이다. 핸드백도 예사롭게 보이지 않는다. 탁자 위 유리병에는 벚꽃 가지 하나와 여인의 자켓 색상과 닮은 색깔의 꽃이 조화롭다. 기다리는 칼국시는 나오지 않는다.

“우리나라는 여자들만 살판났다. 무슨 여자들이 저렇게 많노!” 식당여주인과 구면인지 남자 손님이 한마디 한다.

“방송국에 노래 강습이 있는 날인가 보네예.”

“얼른 칼국수나 주소마.”

“내 손이 하나뿐인데 어짜겠는교”

자기가 먼저 물어놓고 대답하는 주인에게 퇴박 주듯 경상도 남자 특유의 말투다.

제법 큰 창으로 밖이 바라보인다. 대로 건너 아파트 숲이 보이고 길 양쪽으로 큰 건물이 자리 잡고 있다. 어느 카페에 앉아 있는 기분이다. 3월의 마지막 날 거리에는 태극기가 바람에 펄럭이고 있다. 어디선가 안익태선생의 한국 환상곡이 들려오는 것 같다. 태극기와 애국가는 환상적으로 어울린다.

아직도 칼국시는 나오지 않는다. 또 여인에게로 눈길이 간다. 눈길을 두기도 서먹하다. 가방에서 수첩을 꺼내 메모라도 하는 척 무언가를 끄적거려 본다. 틈날 때마다 습관처럼 하는 행동이다. 얼마 전 러시아 여행을 다녀온 비망록을 적어본다. -지금쯤 레바강에 얼음은 풀리고 있을까. 푸쉬킨의 동상이 있던 렙스키대로에 서있던 나무들도 새순을 틔우고 있을까. 톨스토이와 차이코프스키를 회상하며 그 길을 하루쯤 더 걸어야 했는데-

그녀가 티슈 한 장을 펴고 숟가락과 젓가락을 놓는다. 나도 그녀 쪽에 있는 숟가락 통으로 손이 가는데 숟가락 두 개 젓가락이 한 짝뿐이다. “아주머니 여기 젓가락이 없어요.”

그녀가 민망한지 수저통을 쳐다본다. 따끈한 칼국시가 나왔다.

“칼국수를 좋아하나 보네요.”

살짝 웃는다. 귀족적인 흰 손이 내 손과 대조적이다.

말없이 자기 그릇만 바라보고 먹고 있는데 불현듯 세상을 떠나신 아버지와 겸상을 하던 일이 생각난다. 100년 전에 태어나신 분이다. 오래전 서울 다녀 오신얘기, 백범 김구 선생을 만나고 오셔서 선생의 풍채는 기골이 장대하고 얼굴에 마마 자국으로 얽었다고 하신 얘기들이 스쳐간다.

동네 골목에 서서 아이들을 만나면 두 팔을 벌리며 "네 성씨가 무어냐?"며 말을 시키곤 하셨다.

한번은 심병기라는 아이에게 성을 묻고 있었다. "심가요" 하면 절대 보내주지 않으셨다. 아버지를 이길 수 없었던 병기가 "심가 동가요." 하면 껄껄 웃으며 "어머니 성도 알아야지." 하며 보내 주시곤 했다. 밥상에 앉으면 허황옥 왕비 얘기를 많이 들려주시곤 했던 아버지는 비빔밥을 좋아하셨다. 무얼 먹을 때 부모님이 생각나는 건 왜일까.

칼국시를 다 먹어가는 동안 눈 한번 마주치지 않고 먹다보니 거의 비슷하게 속도가 맞아간다. 이럴 때 사람을 좋아하셨던 아버지 같으면 어떤 대화를 하실까.

"책을 좋아하는군요. 그 책 제목이 무엇이요?" 아님 "고향이 어디시오?"라고 물어보았을 게다. 그녀가 식사를 끝내고 급히 일어난다. 눈인사를 했는지 기억이 없다. 나도 더 이상 아는 척

하기도 민망하다. 무심한 척 하려다 밖을 보니 그녀가 보기 드문 외제 승용차를 타고 바람에 날리는 벚꽃처럼 사라진다.

밥상 앞에서

혼자 밥을 먹을 때는 왠지 허전하다. 비어있는 의자 때문일까. 그런 날은 작은 상을 차려 안방에서 먹으면 마음이 여유로워진다.

어린 시절 독상을 받아 식사하시던 아버지가 떠오른다. 그때는 어른이 계시는 집은 겸상이나 독상으로 예를 갖추어 드렸다. 오빠들이 성장하면서 아버지와 함께 겸상을 하고, 어머니와 자매들은 두레상에서 밥을 먹었다.

아버지 밥상은 손님상처럼 특별한 음식이 올라왔었다. 식사를 하시던 모습을 보면 먼저 국을 드시고, 국그릇에 나물을 넣어 비빔밥으로, 한두 숟갈 남은 밥그릇에 숭늉을 부어 드셨다. 밥알 하나 남기지 않고 물로 그릇을 헹구듯 그 물까지 다 드시던 모습이 마치 의식처럼 보이기도 했다.

식구가 단출해지고 독상에서 겸상으로 두레상으로 바뀌어도 식사하시는 모습은 늘 한결 같았다. 왜 그렇게 드셨을까. 반찬을 맛있게 음미하고자 고안해낸 방법이기도 했을 것이다. 나물을 섞어 비벼 드신 것은 싱겁거나 짠 것이 섞어지면 음식에 대한 불평이 나오지 않을 수도 있겠다는 생각이 들기도 한다. 음식을 만든 사람 탓이 아닌 비빈 사람의 몫으로 돌리려는 것은 아니었을까.

혹 언짢은 일이 있는 날이라도 밥상 앞에서는 환한 얼굴로 음식을 맛있게 드시던 모습이 내 마음에 그려져 있다. 아버지는 막내로 태어나 낙천적인 성품과 다정다감한 성격이셨다. 세상적인 잣대로 보면 성공한 삶도, 자랑할 것도 없는 지극히 평범한 삶을 살다 가신 아버지.

들녘에 서 있는 한그루 나무처럼 자연과 함께 살다 가신 아버지는 요리도 잘하셨다. 어머니가 칠남매를 출산하셨는데 아이를 낳을 때마다 아버지가 끓여주신 마른 홍합 미역국이 일품이었다고 자랑하시곤 했다. 남자들이 부엌일을 하면 격이 떨어진다는 생각을 가지던 시절에 체면을 따지지 않고 부인과 자녀에게 자신의 솜씨를 보이던 아버지는 들녘에 피고 지는 들꽃처럼 그리움으로 다가온다.

겨울이면 얼음을 깨고 족대를 얼음장 밑으로 넣어 피라미를 잡아오셨다. 소매를 둥둥 걷으시고 무채를 썰어 새콤달콤하게 피라미 무침을 해주셨는데 그 맛이 겨울에 먹는 별미였다. 민물고기 매운탕을 조리할 때 담장에 피어있던 연한 산초 순을 매운탕에 넣어 비린 맛을 제거하던 기발한 솜씨도 보여 주셨다. 일흔 여섯의 생을 살다 떠나가신 아버지는 나에게 지혜로운 스승으로, 가슴 뛰게 하는 소년의 모습으로 마음속에 남아 있다.

며칠 전 남편이 싱싱한 대구 한 마리를 사들고 왔다. 대구탕을 만들다 그이를 불렀다.

"나이가 들면 음식 하는 법도 알아야 해요. 자기 손으로 못하면 섭섭한 마음만 생겨요. 며느리나 딸들에게 짐이 되지 않으려면 웬만한 음식은 할 줄 알아야 해요. 간단해요. 다시마 한 쪽 넣고 물이 끓으면 무를 쓱쓱 삐져 넣고 또 물이 끓으면 씻어둔 대구를 넣으면 돼요. 다 끓었다 싶으면 천일염으로 간을 하고 파, 마늘, 매운 고추를 잘게 다져넣고, 미나리가 있으면 줄기를 썰어 넣으면 향긋해요. 먹을 때 정종이나 식초를 조금 넣으면 비린 맛이 없어져요. 국 간장에 마늘, 파, 고춧가루와 함께 식초를 약간 넣고 양념장을 만들어 대구 살을 찍어먹으면 상큼해요."

6남매 장남으로 바깥일은 다 잘하는데 부엌일이 서툰 그에게 틈이 나는 대로 음식 하는 법을 알려준다. 아주 쉽다고, 시작이 반이라고.

"나도 하면 잘한다. 안 해서 그렇지."

"그럼 해봐요."

40년 넘게 겸상을 해온 처지라 시고 떫은 맛을 다 아는 사이가 되었으니 입에 익은 김치 맛 같은 그이지만 남은 삶을 해로하려면 부엌일도 서로 돕고 살아야 할 것 같다.

어린 시절 두레상은 작은 세상이었다. 그 곳에서 넓은 세상 소식을 듣기도 하고 지혜를 얻기도 하고 무언의 가르침과 사랑을 받기도 했다. 가슴 저린 눈물을 흘려야 할 때 그 눈물이 치유되는 곳이기도 하고, 집을 떠난 탕자의 발걸음을 돌리게 하는 것도 밥상 앞에서다. 자연에서 얻어지는 것들이 숙성되어 돌아오는 생명의 귀환이다.

사람은 가끔씩

겨울이 길고 눈이 많이 왔던 내 고향, 유년의 앞산이 선명하게 다가온다. 큰 강물이 넘실넘실 흐르는 듯 수려한 설산은, 마치 살얼음이 언 강물을 들여다보듯 투명하다.

흰 몸체에 상록수들이 거뭇거뭇 얼굴을 드러내고, 눈은 좀처럼 녹을 줄을 모른다.

뒷산 양지쪽에 할미꽃이 게으른 하품할 때 서서히 녹아내리던 눈, 음산하기조차 했던 내 첫 기억의 겨울.

흰 눈발을 맞으며 우리 집을 들어서는 노인의 모습이 어제 일처럼 선명하다.

회색 도포자락을 날리며 들어서는 노인의 머리빛깔과 긴 수염은 온통 은빛이었다. 뭔가를 꿰뚫어 보는 듯한 무서운 눈매를 보는 순간, 그 눈빛 속으로 내 모든 것이 빨려 들어가 버릴 것 같은 두려움이 나를 몸서리치게 만들었다.

어른들은 그 노인을 소강영감님이라 불렀다. 한해 신수나 평생사주를 봐 주기도 하고, 인상을 보고 사람의 운명을 점치는 점술가였다.

어머니 얘기로는 오랫동안 우리 집을 드나든 노인이라 했다. 내가 아기였을 때 그 노인의 기침 소리만 들어도 자지러지곤 했다고 한다. 좀 더 자랐을 땐 이웃집에 숨어서 그 노인이 가기만을 기다리곤 했다. 그 시간이 그렇게 길고 두려울 수가 없었다.

그 노인의 예언대로 내 운명이 바뀌어 버릴 것 같은 예감을 감지하고 있었는지 모른다.

그런 탓인지 어릴 적부터 교회에 다니게 되었다. 성탄절 연습을 하던 동생을 따라 처음으로 교회에 나갔다. 함박눈이 펑펑 내리는 신작로를 걸어 갈 때, 세상은 온통 하얗게 빛나고 있었다.

일흔 한 대까지 내려오던 우리 집 가계家系는 무속신앙, 불교, 유교의 종교관으로 이어졌다면, 나는 소강영감의 무서운 눈길을 피해 노아의 방주 같은 피난처를 찾은 무연변이 같은 존재였다.

하나님이 나의 든든한 성벽이라 믿으면서도 가끔씩 흔들릴 때가 있었다. 막내딸을 출산하고 병을 얻었다. 병명도 다양해서 합병증이라는 용어까지 얻게 되었다. 그 고통은 감당하기 힘들었다. 어떤 때는 기력을 잃어 깊은 나락으로 떨어져 헤어날 수 없는 지경에 처하기도 하고, 심한 고열로 헛것이 보이기도 했다.

삶에 대한 집착이 그때처럼 간절할 때가 없었다. 연년생 어린 삼남매를 두고 어떻게 눈을 감을까 하며, 내가 가는 곳이 낙원이라 한들 내 생명을 천년송 허리에다 동아줄로 묶어 놓고 싶었다.

죽음의 문 앞에서 신앙의 힘도 체험할 수가 있었다. 내 모든 것 육체와 영혼까지 온전히 절대자에게 맡길 때, 말 할 수 없는 평온이 찾아오곤 했다.

그때에 내 영혼의 샘물을 소제하고 싶었다. 섣달 그믐날 샘물청소를 하듯, 그렇게 말갛게….

삶의 벼랑 끝에서 어디서 그런 믿음이 솟는지 내 자신이 놀랄 정도지만, 평정을 찾고 나면 그때 일들을 잊어버리고 산다.

샘물에 푸른 이끼가 끼고 나뭇잎이 떨어져 쌓이듯 내 영혼에 찌꺼기들이 쌓여갈 때, 어디를 찾아가서 묻고 싶을 때가 있었다.

휘청거리는 몸과 마음을 추스릴수 있나 하는 기대를 가지고, 유명하다는 누구를 찾아간 적이 있었다. 육중한 대문 앞에서 초인종을 누르려던 순간, 머릿속은 찬바람이 휭하고 지나가는 것 같았다. 정신을 차리고 그곳을 도망치듯 빠져나왔다. 내가 그 대문 안으로 들어간다면 다시 못 나올 것 같은 두려움이 엄습해옴을 느꼈다.

유년 시절 공포의 대상이었던 소강영감의 무서운 기억이 내 의식에 계속 잠재한 탓인지도 모른다.

죽음보다 더 무서운 것이 있다면 내 영혼이 버림받는 것, 그것은 내가 영원한 방랑자의 영혼으로 떠돌 것 같은 두려움이다.

가끔씩 내가 모르는 내가 되기도 하고 잃어버린 나를 다시 찾기도 한다.

한 켤레의 회상

쑥내음 물씬 풍기던 고향의 봄 언덕을 생각하면 동화 속 주인공 같은 인물이 떠오른다. 누가 이름을 지어주었는지 사람들은 그를 '한컬레' 라고 불렀다. 성도 나이도 모르는 기억상실증에 걸린 것 같은 낭인이었다. 이 동네 저 동네 떠돌며 밥 동냥을 하러다니는 그는 동네아이들의 구경거리였다. 봄나물이 뾰족이 나기 시작하면 아이들은 언덕을 누비며 나물을 캐곤 했다. 봄바람에 손등은 트고, 쓰린 손등으로 나물을 캐고 있을 때, 어디선가 "한 컬레!" 하는 소리가 메아리처럼 들리곤 했다. 그럴 때쯤이면 누가 먼저랄 것도 없이 아이들은 나물바구니를 들고 구경꾼의 대열에 끼이곤 했다. 그때는 그 일이 축제처럼 마음을 들뜨게 하는 일이였다.

오랜 세월이 지난 지금도 그의 모습이 생생하다. 머리를 땋아 뒤로 넘기고 빨간 댕기를 들어뜨린 뒷모습이 여자처럼 보이기도 했다. 긴 윗옷은 겹겹이 기워 입었고, 허리는 끈을 묶고 다녔다. 한쪽 신만 신고 절뚝거리며 걷는 모습이 황새가 걷는 모양 같았다. 짓궂은 아이들은 돌멩이를 던지며 놀려대기도 했다. 절뚝거리며 뛰어가는 뒷모습이 지금도 눈에 선하다. 멀리 사라질 때까지 우리는 손나팔을 불며 "한컬레~~"라며 긴 여운을 남기며 그를 부르고 또 불렀다. 빨간댕기를 바람에 나풀거리며 아지랑이처럼 사라지던 그 뒷모습. 아이들의 그 소리가 듣고 싶었는지 한 번씩 나타나나던 한컬레. 그렇게 아이들이 귀찮게 굴어도 성을 내거나 행패를 부리지 않고 선한 웃음을 짓던 그는 영원한 동심을 갈구했는지도 모른다.

어느 날 그의 모습을 가까이서 지켜보았을 때 그의 옷을 본 적이 있다. 꼼꼼히 기운 바느질 솜씨가 보통이 아니었다. "누가 한컬레의 옷을 꿰매줄까?" 묻곤 했다. 그때마다 어머니는 어느 맘씨 고운 아낙이 꿰매준다는 얘기를 농담처럼 하셨다.

유년에 깊이 각인되었던 그의 모습 속에서 인간 본연의 선한 모습을 보았던 것 같다.

오랜 세월이 지난 후 고향 친구에게 그의 소식을 들었다. 그는 아주 오래 살았으며 함박눈이 펑펑 내리던 어느 날 세상을 떠났다고 한다. 하얀 눈송이와 함께 떠난 그는 깨끗하게 살다간 영혼의 표상이었다. 한쪽 신만 신고, 깨진 바가지를 들고 평생을 걸인으로 살았지만, 어느 누구에게 원망을 산 일도, 누구를 미워하지도 않았던 한컬레의 삶. 내일을 걱정하지 않고 그날 하루에 만족하며 생을 살다간 그가 부러워지는 것은 소아병적인 생각일까.

그는 이곳저곳을 떠돌며 사람들 마음을 살피다 떠난 신의 심부름꾼이 아니었을까. 재산은 가질수록 목마르다는 말이 있다. 많이 가진 자가 정결한 삶을 살기가 힘든 것이 아닐는지.

오늘도 파홈처럼 많은 땅과 물질을 소유하려는 끝없는 욕망을 가지고 살고 있지는 않은가. 결국 정한 시간 안에 돌아오지 못해 일어나지 못할 내가 묻힐 곳은 6척 구덩이에 불과한 것을. 바람처럼 휑하니 왔다가 사라지는 삶. 후회 없는 삶은 과연 어떤 삶일까.

귀농을 해서 사과 농사를 지으며 늘 마음에 새기는 일이 있다. '사람에게는 얼마나 많은 땅이 필요한가?' 톨스토이의 글을 늘 마음에 새기며 살고 있다. 만족을 모르고 살아간다면 나의 삶이 한 켤레의 삶보다 나을 게 무엇이겠는가. 내게 필요한 땅은 얼마인가. 내가 기쁨과 감사로 일할 수 있는 땅이면 족하다는 생각이 나의 머릿속을 지배하는 것은 톨스토이의 글이 내 마음에 각인되어 나를 견인하고 있는지도 모른다.

현재의 삶은 어쩌면 긴 꿈을 꾸며, 다음 삶을 위한 예행연습을 하고 있는 것은 아닐까.

봄바람 일렁이는 고향의 봄 언덕에 한 켤레의 모습이 떠돌 것 같은 환상을 느끼며 그를 회상해 본다.

뉴욕에 간 老신사

뉴욕의 상징이라 할 수 있는 세계무역센터가 주저앉아 버렸다. 그 자리에는 연기가 향처럼 피어오르고 있다. 아직도 9월11일의 악몽에서 깨어나지 못한 채 뜨거운 기운을 뿜어내고 있다. 숨 가쁘게 달려온 마라톤 주자가 마지막 관문에서 쓰러져 버린 허탈한 모습이 이럴까.

그 자리에 피부 빛깔이 다른 많은 사람들이 큰 슬픔을 당한 상주 앞에서 조의를 표하듯 묵례를 하기도 하고 눈시울을 적시기도 한다. 사라진 무역센터 빌딩은 그 유례없는 규모와 상징적 가치 때문에 공격의 표적이 된 것이다.

어제일 같은데 2001년 10월 3일 뉴욕 여행 중에 메모된 내용이다.

표면으로 보기에는 미국을 겨냥한 것이지만, 중동지역의 잠재된 화근이 폭발한 것이다. 이스라엘과 이슬람은 늘 앙숙이다. 그들의 조상 아브라함이 이스마엘과 이삭의 아버지다. 그들은 같은 아버지 밑에서 태어난 형제들이다. 성경 창세기에 하나님은 '아브라함'의 처 '사라'에게 아들을 주겠다고 약속했다. 그 약속을 기다리지 못한 사라는 그의 몸종 '하갈'을 남편에게 들여보낸다. 몸종에게서 먼저 태어난 아들이 '이스마엘'이다. 그 아들이 13살이 될 때 사라에게서 이스라엘의 조상 '이삭'이 태어난다. 예나 지금이나 어머니가 다른 형제는 서로 싸우며 사는 것은 어쩔 수 없는 숙명인가보다.

센트럴파크 벤치에 앉아 사람 구경을 하는 재미가 대단하다. 얼굴이 반짝거리는 흑인 여인들이 머리를 기발하게 땋기도 하고, 가발을 붙이고 화려한 장신구로 치장을 한 모습에 흰 이빨을 드러내고 웃는 모습은 명랑하고 당당해 보인다. 그 나라 국민이라는 자부심 때문일 게다.

성경 창세기에 나오는 '노아'와 그의 아들들이 떠오른다. 40주야로 비가 내린 대홍수 이후, 노아는 첫 포도농사를 수확한 후 포도주에 취해 하체를 드러내고 잠들어 있었다. 그때 아들 '함'이 아비의 수치를 두 형제에게 알린다. '셈'과 '야벳'은 옷을 어깨에 메고 뒷걸음쳐 들어가 아비의 하체를 덮으며 얼굴을 돌려 아비의 하체를 보지 않는다. 노아가 술에서 깨어나 작은 아들 함이 자기에게 행한 일을 알고, 함의 아들 '가나안'을 그 형제들의 종이 되라고 저주한다.

아버지의 수치를 덮어주었던 셈과 야벳의 후손들이 함의 실수도 덮어주고 상처도 어루만져 주고 있는 곳이 미국이라는 생각이 든다.

자유의 여신상이 서 있는 리버티 섬에는 비둘기들이 자유를 누리며 평화를 노래하고 있다. 자유의 여신상 앞에 앉아 사진 한 장 멋지게 찍어 볼 일이다. 400미터 되는 자유의 여신상의 머리 부분까지 엘리베이터를 타고 올라가, 허드슨 강과 대서양이 만나는 광경을 바라본다. 세계의 많은 인종이 모여 미국의 다양성을 만날 수 있는 곳이 뉴욕이다. 허드슨 강은 마치 많은 사람을 끌어 모으는 흡인력을 가지고 있다. 뉴욕의 발달은 허드슨의 어귀에 있다는 말이 실감난다.

뉴욕 지사에 근무하다 미국 시민으로 살고 있는 형부와 언니도 허드슨 강의 끌림에 뉴욕에서 뿌리를 내리고 있는지도 모른다.

40년 전 친정아버지가 미국에 살고 있는 언니 집을 방문할 때, 아버지는 한복을 입고 가고 싶어하셨다. 내 나라 옷을 입고 가는 것이 당연하다고 했지만 언니는 극구 반대를 했다. 한복을 입고 공항에 내리면 동물원 원숭이 쳐다보듯 구경꺼리가 될 것이라는 염려 때문에 한복을 고집하던 주장을 접고 양복을 입고 떠나시던 아버지. 평생 한복을 입으시던 분이 몸에 어울리지도 않는 양복을 입고 불편해 하던 모습이 어제 일처럼 떠오른다.

아버지는 미국을 다녀오신 후, 희고 검은 사람들도 어울려 잘 사는데 한 민족인 우리가 태어난 지역을 나누며 서로 상처를 주고받으며 갈등해야 하는 편협된 마음을 버려야 한다고 하셨다. 가난해도 우리나라, 부끄러워도 내 나라가 최고라는 긍지로 살아야 한다던 말씀이 귀에 쟁쟁하다.

부산에서 처음 객지 생활을 할 때에 아버지와 어느 청년의 대화하는 모습이 지금도 들려오는 듯하다.

"고향이 어디시오?"

"남해가 고향입니더."

"참 좋은 곳에서 오셨소. 백일홍이 필 때면 참 곱지요. 내 고향은 저 남원이요. 산 좋고 물이 맑은 곳이지요."

하며 태어난 고향을 늘 자랑스럽게 여기던 모습이 떠오른다.

어디에서 살건 내 고향을 자랑스럽게 말할 수 있는 것은 내 고향이 남원이기 때문일까. 오래 전에는 산 설고 물 선 여행지가 내 고향이었으면 하는 생각이 들 때도 있었다. 그 모든 일도 이제는 지나간 일이다.

사라진 세계무역센터 자리에 911메모리공원이 완성되었다는 기사를 읽었다. 그곳 추모의 자리, 물방울이 흐르는 연못에선 '아람브라궁전의 추억'이 가슴 메이도록 슬프게 들려오는 것 같다. 폭염 후에 쏟아지는 소나기 같은 트레몰로의 선율은 빼앗는 자의 함성과 뺏긴 자의 비통함이 어우러져 처연하게 들려오는 듯하다. 메트로폴리탄 박물관에 소장된 엄청난 보석들과 맨해튼 거리의 빌딩 숲, 오색 단풍잎이 절정을 이룬 샌트럴 파크에 낙엽이 나비처럼 날다 떨어진다. 주체할 수 없을 정도의 풍경 앞으로 중절모를 쓰고 한복 두루마기를 멋스럽게 차려입은 노신사가 카이제르 수염을 쓸어올리며 걸어온다.

"어느 나라에서 오셨소?"

아버지의 음성을 다시 듣고 싶은 가을이다.

망초 꽃 한 다발

작은 오빠 집은 멀리서 보면 집인지 숲인지 구분이 되지 않는다. 산자락 한 귀퉁이에 뚝딱 뚝딱 솜씨 좋은 오빠가 한두 해 살려고 지은 집에서 반평생을 산 집이다.

일 년에 한두 번 오빠 집에 오는 날은 마음이 설렌다. 부산에서 직장생활을 하며 공부하던 오빠를 기다리던 소녀시절이 떠오르기 때문이다. 뽀얀 먼지를 일으키며 내리막을 내려오던 대한여객 버스를 기다리던 하얀 신작로에서 오빠집이 보인다.

오늘은 오빠가 병원에 가고 없는 집을 향해 터벅터벅 오르막 길을 걷는다. 가을이면 밤나무에서 알밤이 툭 툭 떨어지던 길을 오르곤 했는데 그 길이 영원처럼 느껴진다. 예전에는 곶감을 꽂다발처럼 만들어 보내시더니 작년 겨울은 이상기온으로 곶감을 하나도 못 말렸다며 아쉬워하던 오빠. 장독대 옆 돌감나무에 풋감이 때죽처럼 매달려 있다.

작은 오빠네 삶은 늘 팍팍했다. 젊은 시절 서울에서 사업 실패를 하고 부산으로 내려와 가내공업을 하며, 늘 동분서주하며 살았다. 서울로 부산으로 다시 고향으로 전전하며 한번 잘 살고 싶었을 오빠와 새언니에게 노력한 만큼의 행운은 늘 비켜 가곤 했다. 다행히 사남매는 학업을 끝내고 결혼까지 시켰으니 큰 걱정은 덜은 편이다.

오빠가 반평생을 살았던 집 마당이 밭이고 야산이다. 봄, 가을, 계절마다 그 산에서 나는 먹거리들은 택배로, 버스로 내게 보내 주셨다. 그 나물은 오빠의 정 때문인지 귀하고 맛이 있었다.

내가 소녀적 띠 동갑 오빠는 풋풋한 청년이었다. 물자가 귀하던 시골에 귀하고 신기한 물건을 보내 주셨다. 오빠가 결혼하기 전 새언니가 우리 집에 처음 왔을 때였다. 자그마한 체구에 귀여운 인상이던 언니가 신고 온 뾰족구두가 몹시 신기했었다. 그 구두를 신고 뒤뚱거리다 넘어졌던 일, 다시 신고 싶지 않았던 그 신을 댓돌 위에다 조심스레 올려두었던 먼 기억들.

산소 호흡기에 의지해 숨을 쉬고 있는 오빠는 마지막 힘을 다해 나에게 무슨 얘기를 전하고 싶은 듯했다. 필연적인 죽음 앞에서 마지막으로 나에게 하고 싶었던 말은 무슨 말이었을까. 그 오빠를 병원에 두고 부산가는 버스를 타려다 막차시간이 지나 오빠 집으로 다시 돌아왔다.

비오는 저녁 오빠가 생과 죽음의 강을 건너고 있을 때, 나는 아이마냥 잠을 자고 아침에 일어났다.

오빠가 잘 가꾼 밭에는 야생초들이 무성하다. 참나물, 취나물, 곤드레, 방풍나물들이 지천이다.

"고모! 상추랑 나물이랑 많이 뜯어서 부산 가져가게. 그냥 두면 다 세어져 먹지도 못 할긴데."

올케 언니가 아침밥을 준비하는 동안 상추도 한 잎씩 따고 곤드레 나물도 취나물도 솎아 덕석만한 바위에 올려 두었다. 이 야생초들은 내년에도 그 여린 순을 내밀며 새실새실 웃음 지으련만 …….

건너 마을 뒤로 강물처럼 넘실거리는 삼봉산 봉우리에 낀 안개가 동쪽으로 몰려가고 낮은 쪽 안개는 서쪽으로 이동한다. 이렇듯 죽음도 삶도 이동하는 걸까. 산 끝자락에 서 있는 덕두산도 넓은 치마폭을 펼치고 서 있다. 오빠가 매일 바라보았을 산봉우리에 안개가 걷히고 맑은 기운이 감돈다.

밭에는 망초가 군데군데 자라고 있다. 망초는 뿌리가 얕아 쉽게 뽑힌다. 밭고랑의 망초는 거의 뽑았지만 밭 끝에 자리 잡은 망초는 풍성한 군락을 이루며 꽃을 피우고 있다. 풍년초라 부르면 듣기라도 좋으련만, 망초의 번식력을 아는 터라 보이는 대로 뽑은 탓에 어떤 때는 애처롭게 보이는 꽃이다. 언젠가 화해하고 싶었던 망초. 한 뿌리씩 뽑다보니 한 아름의 꽃다발이 되었다. 아기를 안듯 조심스레 품에 안고 밭을 나왔다. 그 꽃씨를 예사로이 다뤘다간 온 밭을 망초의 후손들에게 점령 당할 것 같아서다. 망초의 안식처를 어디다 만들까 둘러본다. 개울 건너편 망초 꽃이 지천으로 피어 안개와 함께 흔들리고 있는 언덕이 보인다.

어쩌면 오빠의 삶은 뽑혀나간 망초처럼 변방의 삶을 살다 갔는지도 모른다. 주변에서 벗어나 외딴곳에서 고립무원의 삶을 살았던 오빠.

'형님 저 집 지을 땅 몇 평 주십시오'

이 말 한마디를 하지 못했다. 오빠 생전에 한 살 위 형님에게 혀 굳은 소리 하기가 싫었을까. 뽑혀도 웃고 뽑아도 올라오는 망초의 넉살을 조금이라도 닮았다면 오빠의 삶은 달라졌을까. 산 밑에서 홀로 살면서도 동네 이장 일을 오랫동안 해왔던 걸 보면 사람과 더불어 상처를 치유 받으며 살았을 것이다.

보라색 도라지꽃도 노래하듯 피어나고, 산나리꽃도 초롱불을 밝혀 들었다. 싸리 꽃도 새롭게 보이는 아침이다.

"고모야, 오빠가 돌아가셨대!"

병원에 있던 조카에게서 온 전화를 받은 언니는 벼락 치듯 소리를 지르고 땅에 주저앉고 만다. 오빠가 일흔여덟의 생을 마감하는 순간이다.

망초가 흐드러지게 핀 언덕에 망초꽃다발을 영전에 바치듯 내려놓고 돌아서니 삼봉산에 안개도 걷히고, 덕두산도 환한 얼굴로 바라본다.

망초꽃 무리지어 손 흔드는 피안의 언덕으로 떠나는 오빠….

수의 대신 평소에 입던 상의와 청바지를 입혀 달라시던 오빠의 뒷모습이 안개 속에 가뭇하다.

흑백사진

집을 떠나 소식이 없던 작은 오빠를 기다리며 신작로를 바라보던 작은 소녀가 보인다. 키 큰 포프라 나무는 구불구불 돌아가는 신작로를 무심히 지키며 서 있다. 어느 날 꿈처럼 쑥색 바지에 흰 남방을 입은 고등학생이 큰 가방을 들고 나타났다. 먼지바람을 일으키며 시외버스에서 내린 띠 동갑 오빠를 바라보는 순간 내 손등을 꼬집어보기도 했다.

검정치마에 흰 포플린 블라우스를 입은 그 소녀는 오랜 세월이 지난 지금도 흑백 사진으로 뇌리에 남아있다. 큰 가방 안에서 '라디오'라는 신기한 물건과 사물을 똑같이 찍어준다는 '사진기'라는 물건이 나왔다.

노란 단추꽃 밑에서 친구랑 찍은 첫 기억의 사진, 중절모를 쓴 젊은 시절의 아버지, 화단을 배경으로 옥양목 한복을 입고 함초롬히 앉아있던 엄마, 그리운 모든 것들은 흑백사진 속에 있다. 세월이 지나도 천연색 사진보다 흑백 사진이 더 명징하게 남는다. 깊은 눈과 내면의 마음까지도 보이는 듯 깊은 우물 속으로 나를 데려갈 것 같은 흑백사진.

여행지에서 보았던 풍경들을 상상해보면 모두 흑백이다. 그 많은 빛깔은 어디로 숨어버렸을까. 캐나다와 미국 북동부의 국경에 위치한 나이아가라 폭포를 관광하던 중 진기한 광경을 보게 되었다. 수많은 사람들이 캐나다 '말발굽 폭포' 쪽으로 몰려가고 있었다. 어떤 사나이가 거대한 폭포 위를 외줄을 타고 건넌다고 한다. 엄청난 인파 속에 자리를 잡고 앉았다. 일생에 다시 볼 수 없는 광경을 구경하는 일에 가슴이 벅차기도 하고 마음이 조마조마하다. 폭포에 떨어지는 순간 사람의 형체조차도 찾을 수 없다고 한다. 왜 저런 무모한 일을 할까 싶기도 하다. 어느새 사람들의 환호성이 들리며 도전자는 양손에 몸의 균형을 잡아주는 막대를 들고 5센티 굵기의 쇠밧줄 위를 조심스레 걷고 있다. 폭포 가까이는 인산인해로 다가갈 수도 없다. 먼발치에서 기도하는 심정으로 그를 지켜보았다. 내 시야로 볼 수 있는 한계는 거기까지였다. 거대한 굉음을 내는 폭포의 물보라 위를 걷는 그는 작은 그림자처럼 흔들리고 있다. 바람과 낙차의 힘으로 거센 물보라에 가려 그의 모습은 보이지 않는다. 바람 앞에 등불같다는 표현이 이럴 때 쓰는 말 같다. 폭포 중간 험난한 지점에서는 갈매기 떼들이 극성스럽게 날고 있다. 갈매기의 날갯짓과 울음이 그에게 격려의 소리로 들리기를 바랄 뿐이다. 마치 구름 위에 발을 움직이는 것 같은 그의 모습이 전광판으로 생중계 되고 있다. 휘황찬란한 조명에 비친 거대한 물줄기는 마술처럼 신비한 빛을 발하고 있다. 한발 한발 숨이 멎는 것 같은 시간이 지났다.

그의 발걸음이 땅에 발을 내딛는 순간, 그가 하는 첫마디가 "주님께 감사하다. 행복하다. 어릴 적 꿈을 이뤘다."며, 그의 부인과 얼싸 안는 모습이 감동적이었다. 가슴 뭉클한 순간이었다. 548m의 길이의 로프가 폭포 위 51m 높이에 설치되어, 30분 동안 두 발로 5cm 넓이의 쇠줄을 딛고 건너는 사나이를 미국 ABC방송이 생중계를 하고 있다. 방송사 측은 만약의 사고를 대비해 그에게 안전장치를 요구했다고 한다. 그는 기회를 놓치고 싶지 않아 방송 측의 요구를 받아들여 몸에 작은 줄을 매고 건넜다고 한다. 그의 이름은 '닉 왈엔다'로 미국 출신의 고공 외줄타기의 전문가다. 그에게 캐나다 이민국 직원이 다가와 입국 목적을 묻자"세상 사람들에게 영감을 불어 넣으려고 왔다." 고 했다.

웅장한 위용 앞에 표현할 말을 잃게 만드는 나이아가라 폭포도 그의 도전정신과 담대한 믿음 앞에 잠시 위력을 멈추며 그에게 길을 열어 주었을까. 1초당 백만 통의 욕조에 담기는 물의 양이 쏟아진다는 폭포의 장엄한 물소리는 세상의 모든 소음들을 잠재우는 것 같다.

붉은 색이 선명한 점퍼를 입은 그의 모습도 세월이 지난 지금 흑백으로 남아 있다. 폭포 위쪽 나이아가라 강은 앞으로 일어날 엄청난 일들을 모르는 듯, 여느 강물처럼 평온하다. 폭포 위쪽에서 바라본 레인보우 브리지에 걸려 있던 무지개도 지금은 흑백으로 남아있다. 내 뇌리에는 왜 흰 색과 검은 색만 남는 것일까.

이 순간도 폭포에서 떨어진 수많은 물방울들은 흰 물보라를 일으키며 새로운 꿈을 향해 흘러가고 있으리라.

'닉 왈렌다'가 나에게 불어 넣어준 영감은 무엇일까. 내 어릴 적 꿈은 뭐였지? 지금도 꿈을 꾸고 있다. 무채색의 꿈일지라도.

아버지의 우물

어린 소녀는 아버지와 함께 샘가에 서 있었다. 바람이 불면 복숭아가 '툭' 하며 땅에 떨어지기도 하고, 어떤 것들은 '풍덩' 하며 샘물로 빠지기도 했다. 까만 밤에는 별들과 하얀 달도 되비쳐주던 맑디맑은 첫 기억의 샘물.

샘물에 떨어진 복숭아 잎은 누구에게 보내고 싶은 엽서처럼 푸른 사연들을 펼쳐놓곤 했다.

떨어진 그 잎들이 샘물 바닥에 가라앉아 새로운 세상을 살고 있는 것 같았다.

선달 그믐날이면 아버지와 동네 어른들은 샘물에 물을 다 퍼내고 바위틈에 낀 푸른 이끼까지 깨끗이 닦곤 했다. 마치 더러워진 몸과 마음을 정결하게 씻어내는 기도와 같은 의식이었다. 그 광경이 궁금해 오들오들 떨면서 지켜보곤 했다. 고요하고 신비로운 성소에 신의 은총이 내리듯 깨끗해진 샘물에선 세미한 물줄기들이 숨을 쉬듯 작은 파장을 이루며 물이 차올랐다. 그 광경은, 마치 꽃잎이 한 잎씩 피어나듯 신기하기만 했다.

저 물은 어디서 오는 것일까. 샘물은 일곱 살 어린 소녀가 가늠할 수 없을 만큼 깊어보였다. 물이 차오르면 아무 미련없이 실개울로 흘러가던 샘물이 내 영혼의 근원 같았다.

태어난 마을을 떠나 면 소재지로 이사를 가서도 그 우물이 궁금했다. 추운 겨울에는 모락모락 김이 피어오르던 작은 우주와도 같은 샘물은 꿈길에도 나를 그곳으로 데려가곤 했다.

새로 이사한 집에도 우물은 있었다. 우물을 내려다보면 무서우리만치 깊었지만 가뭄 때는 물이 말라버리는 우물이었다. 병환 중인 아버지의 삶은 우물의 물이 마르듯 몸도 마음도 고갈되어가는 모습이었다.

부산에 이사를 와서 살던 집에도 마치 우연처럼 샘물이 있었다. 정 붙일 곳 없는 객지 생활이지만 펌프질을 하면 퍼 올릴 수 있는 우물이 있어 그나마 위안이 되었다. 아버지는 고달픈 삶 속에서 모든 것을 내려놓고 초연하게 여유로움을 찾으려고 애쓰는 모습이 역력했다. 퉁소도 부시고 시조도 읊으며 유유자적하던 모습이 그나마 위로가 되었다. 펌프관의 물이 쭉 빠져 펌프질을 아무리해도 물이 나오지 않을 때, 아버지의 빈 마음이 보이는 것 같았다. 하지만 펌프에 물만 부어주면 깊은 물을 끌어올리던 마중물처럼 아버지는 늘 긍정적이고 낙천적인 모습으로 곧게 서 있었다.

결혼 후 어려운 여건 속에서 첫 집을 장만할 때, 아버지의 조언으로 땅을 사고 집을 짓게 되었다. 그곳은 음지였고 보잘 것 없는 동네처럼 보였다. 땅 밑에 찬 물을 담고 있는 주례동의 '냉정'이란 지명을 가진 곳이었다. 아버지는 집을 짓기 전에 지하수를 파도록 당부하셨다.

상가주택을 짓다보니 서향집으로 집을 지었다. 그 집에서 20년 넘게 살면서 지하수의 도움으로 무더운 여름을 시원하게 지낼 수 있었다. 그 집을 생각하면 양손에 무거운 짐을 들고 언덕길을 올라오시던 부모님이 눈에 아른거린다. 물을 마실 때나 물을 대할 때 늘 감사한 마음으로 대하라고 당부하시던 아버지 곁에는 늘 귀한 샘물이 있었다.

몇 년 전 이사 온 대신동 집에도 시원한 지하수가 있다. 아버지는 이 땅에 계시지 않지만 이 집의 물맛을 보시면 크게 웃으시며 행복해 하셨을 게다. 마치 아버지의 마음 같은 샘물을 대할 때마다 그 깊이를 알 수 없는 아버지의 사랑을 느낀다.

이번에 귀농해서 새로 지은 집에도 지하수를 팠다. 암석에서 솟구치는 물줄기에 흰 두루마기자락이 펄럭이며 아버지의 모습이 잠시 비췄다가 사라진다.

겨울에는 따뜻한 마음으로, 여름에는 시원한 물줄기로 항상 변하지 않는 샘물처럼 아버지는 늘 내 곁에 계신다.

2부

오른손이 왼손을

그림 속 아버지의 힘줄이 두드러진 왼손의 강인함과 오른손의 인자함, 그 두 손처럼 조금 부드러운 왼손과 더 거친 오른손이 있었기에 나약하고 부족한 내가 이 척박한 땅을 딛고 살 수 있는 힘이 되었을 것이다.

베키오 다리 위에서

피렌체 아르노 강이 침묵하듯 흐르고 있다. 이탈리아의 위대한 시성이자 불후의 명작 신곡을 쓴 단테가 거닐고 바라보았을 이 강은 그의 믿음과 영혼이 살아 숨 쉬고 있는 곳이다. 9살에 아버지를 따라 귀족들의 파티에서 8살의 베아트리체를 처음 만난 순간부터 운명적인 사랑을 느낀 단테, 18세 때 우연히 베키오 다리 부근에서 스치듯 그녀를 다시 만났다고 한다.

이루지 못한 두 사람의 영혼이 머물고 있을 강을 바라보는 마음이 애수에 젖는다.

함께 여행 온 두 딸은 우피치 미술관으로 향하고 오래된 다리 위에 혼자 남았다. 노을이 물들 때까지 강 주위를 산책하기로 했다. 어느 도시를 여행할 때 그 도시를 흐르는 강물을 바라보고 싶다. 그 강가에서 바라보는 정경이 마음에 오래도록 남기 때문이다.

꽃의 도시라고 부르는 피렌체는 도시 전체가 미술관이라 해도 과장된 표현이 아니다. 르네상스를 꽃 피우게 한 많은 예술가들이 활동한 흔적들이 곳곳에 살아 숨 쉬는 예술의 도시답게 품위가 깃들어 있다. 미켈란젤로 언덕의 꽃향기가 풍겨 오는 듯 바람결이 향기롭다.

오월의 미풍은 단테의 세레나데처럼 감미롭고, 새들의 노래소리는 베아트리체의 화답송처럼 은은하다. 다리 위에서 눈빛이 깊은 여인과 마주쳤다. 핀란드에서 왔다는 그녀의 스카프 색깔은 핀란드 하늘빛을 닮았다.

마주치는 사람과 스스럼없이 웃을 수 있는 곳, 한번 쯤 긴장을 풀고 허허롭게 웃을 수 있는 것이 여행의 묘미다. 아마 우리나라에서 이렇게 웃고 다닌다면 사람들이 고개를 갸웃할 것 같다. 긴장된 신경이 느슨해지기도 하는 것이 여행이다.

베키오다리 위에는 귀금속 매장이 즐비하다. 휘황찬란한 윈도우 앞을 지나가며 나에게 필요치 않는 물건이라 자위하며 무심한 척 바라보다, 무념무상의 경지를 잊지 말라는 막내딸의 당부가 귀에서 맴돌아 정신이 번쩍 든다. 매장 점원의 윙크 한 번에 매장 안으로 빨려 들어갈지도 모르기 때문이다. 반짝이는 윈도우 앞을 곁눈질하며 지나가는 일도 쉽지 않다. 다리를 지나 닳고 닳은 돌길을 따라가다 보니 쇼 윈도우 안에 구두가 눈에 들어온다. 베이지색에 멋스러운 리본까지 원피스에 잘 어울릴 것 같은 구두다. 나이 지긋한 은발의 여인이 친절하게 맞이한다.

은발의 여인에게 산 구두를 들고 다리 위에 앉았다. 저녁노을이 강 끝자락에서 물들기 시작하자 피렌체 시내 곳곳에서 피부 빛이 다른 사람들이 노을을 감상하기 위해 다리 위로 모여들기 시작한다.

노을 진 서녘 하늘엔 누렇게 익어가는 광활한 밀밭의 풍경이 펼쳐지고 있다.

황금빛 하늘 끝자락에 푸른 옷소매처럼 이어지는 아르노강의 노을은 절정에 이른다. 불현듯 엄마의 얼굴이 떠오른다. 아름다운 풍경이나 맛있는 음식을 대할 때 그리운 사람이 떠오르는 것은 본능일까.

내가 이십대 초반일 때다. 작은 오빠의 사업 실패로 엄마는 고향에서 재산 정리를 하고 부산으로 이주해 화전민처럼 살던 때였다. 철이 덜 든 나는 불난 집의 가재도구를 바라보듯 마음 한구석은 늘 잿빛이었다. 그러나 엄마는 객지생활의 고단함을 내색하지 않고 씩씩하게 사셨다.

엄마는 초읍에서 사직동 넘어가는 고개에 있는 양계장에서 계란을 머리에 가득 이고 소매상에 배달해주는 장사를 하면서도 늘 당당하셨다. 계란을 머리에 많이 이다보면 무겁기도 하지만, 조심스럽게 다루지 않으면 깨어지기 쉬운 물건이라 얼음판 위를 걷듯 조심스러웠을 순간들이 얼마나 많았을까.

심장이 약하고 향수병까지 앓고 있던 나약한 딸이 언감생심 바이올린을 배우겠다고 하니, 걱정이 한두 가지가 아니었을 것이다. 그러나 엄마는 미끄러운 얼음판을 두려워하기보다 미끄러질 각오로 삶에 도전했었다. 고단한 삶의 징표처럼 엄마의 발은 엄지발가락 밑에 뼈가 튀어나오는 무지외반증 증세가 심해지고 있었다. 무거운 계란을 많이 이다보니 고달픈 발이 화가 난 듯 했다. 점차 혹처럼 커지는 그 발을 애써 외면하고 싶었다.

오랜 세월이 지나 그 계란의 무게를 셈해 본다. 그 시절 내가 즐겨 입었던 물방울 무늬 원피스 위로 동그란 계란들이 겹쳐지며 허공으로 날아간다.

엄마는 일손을 놓은 후 시골에서 몇 년을 지내시다 뇌경색으로 쓰러지셨다. 그 무렵 우리 집에 잠시 요양을 하시며 함께 지냈는데 나만의 독립적인 사업을 시작하던 때였다. 자연성 화장품과 건강기능식품 지사를 운영했었다. 내가 밖에서 돌아오면 엄마는 하루 일과를 묻곤 하셨다. 누가 강요한 것은 아니지만 좋은 제품을 사람들에게 알리고 싶은 마음에 열심히 다니며 홍보를 하던 때였다. 그날 일을 업무보고 하듯 얘기하면 "대단하다!" 하며 본인 발을 닮은 내 발을 만지며 "황금 발"이라 이름 지어 주셨다.

잃어버린 재물에 연연하지 않으며 여장부 같은 성품이셨던 엄마는 그 지난한 객지 살림에도 사촌 오빠들이 부산에 오면 우리 집에 함께 살다 분가시키곤 하셨다. 어느 날 우연히 본 엄마의 정수리 위에는 무거운 짐에 시달린 외상 탓인지 피멍이 작은 지도처럼 자리 잡고 있었다. 그 머리를 바라보던 마음에 푸른 멍이 드는 것 같은 어느 날, 바이올린과 씨름하던 내 턱밑에도 퍼런 멍이 들고 있었다.

거동이 힘들어 누워 계실 때 내가 가르쳐 드린 찬송 "저 건너편 강 언덕에 아름다운 낙원 있네. 믿음으로 그곳에 가겠네."라는 찬송을 자주 부르시다 평안히 눈을 감으셨던 엄마. 노을 속에서 인자하게 웃으며 "황금발아!"하며 나를 부르고 있는 것 같다.

엄마가 지어준 '황금발' 이라는 이름에 걸맞게 살고자 했던 내 발도 엄마 발을 닮아가고 있다. 미술관을 다녀온 두 딸이 내 옆에 다가와 서 있는 줄도 모르고 천국의 하늘같은 노을빛에 내 눈은 물들고 있었다.

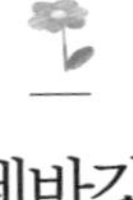

네바강

네바강은 썰매를 타고 싶을 만큼 꽁꽁 얼어 있었다. 호텔에서도, 상트페테르부르크 어느 곳을 가더라도 강은 나를 따라다니고 있었다. 다른 여행지에서 보았던 여느 강과는 느낌이 달랐다.

네바강은 몸을 풀지 못한 임산부가 복부를 동여매고 있는 모습이다. 체코의 스메타나가 '나의 조국 몰다우'를 작곡한 것처럼 차이코프스키가 네바 강을 음악으로 표현했더라면 러시아의 역사는 어떻게 달라졌을까.

러시아는 세계적인 예술가들이 태어나고 활동하던 무대였다. 그들의 예술혼이 숨 쉬고 있는 그 땅을 밟아보는 일은 가슴 두근거리는 일이다. 우리나라와 정치적인 관계를 떠나 위대한 예술가들을 탄생시킨 나라다. 강물이 녹아 우아한 백조의 향연이 펼쳐질 때쯤 네바 강은 속내를 풀어 놓을까. 하지만 꽁꽁 얼어 붙어버린 네바 강은 크레믈린 성처럼 그 깊은 속을 알 수가 없다.

어린 시절 작은 오빠는 부산이라는 생소한 곳에서 직장 생활을 하며 고등학교를 다니고 있었다. 여름 방학이면 오빠는 쑥색바지와 흰 와이셔츠를 입고 큰 가방을 든 채 부산에서 오는 버스에서 내렸다. 오빠를 내려준 버스는 뽀얀 먼지를 일으키며 멀리 사라져갔다. 오빠 손을 잡고 감나무 골을 지나 집으로 올 때 나는 세상에서 가장 행복한 소녀였다. 그 가방 안에는 작은 라디오가 들어 있었다. 저녁 5시에는 꽃과 같이 고웁게 나비같이 춤추며 아름답게 피는 우리 무럭무럭 자라서 이 동산을 꾸미며 아름답게 피어나리' 라는 동요와 함께 음성이 맑은 여자 아나운서의 사회로 어린이를 위한 방송이 시작되곤 했다.

어느 날 새벽, 꿈결처럼 들려오던 소리가 있었다. 밤새 켜진 라디오는 새벽녘에 클래식 음악을 들려주었다. 그 시간을 알리던 사운드 트랙은 묘한 신비감과 편안함을 안겨 주었다. 그 첫 기억의 소리를 찾기까지 오랜 세월이 걸렸다. 첫 음악이 차이코프스키의 현악4중주 '안단테 칸타빌레' 였을까. 미려한 바이올린의 선율은 나에게 어느새 각인되어 있었다. 그 후 음악을 가까이 하고 싶은 생각이 강물처럼 일렁였다. 하지만 어린 시절부터 병약했던 나는 무슨 일에 집중할 수가 없었다. 음악을 한다는 일은 먼 별나라 얘기 같았다.

중학교 음악시간을 통해 서양악기에 대해 어렴풋이 알게 되었다. 아련하게 동경하던 바이올린에 대한 집착을 버릴 수가 없었다.

부산으로 이사를 온 후, 서면 악기점에서 저렴한 바이올린 하나를 구입했다. 악기점을 통해 선생님도 소개 받게 되었다. 쉽게 생각하고 시작한 바이올린 수업은 재능이 부족한 나에게는 무거운 짐을 지고 오르막을 오르는 것과 같았다. 손가락이 저려오고 어깨는 무거운 돌을 올려둔 것 같은 고통을 견디며 연습에 몰두했었다. 그렇게 해도 진도가 나가지 않으면 서툰 목수가 연장을 탓한다고 싸구려 깽깽이 바이올린 탓을 했다. 좋은 소리를 내는 명품 바이올린을 사겠다고 투정을 부렸다. 그 일이 엄마에게 고통의 십자가를 지게 만드는 것인 줄도 모르는 철부지였다.

환경과 건강문제로 기회를 놓친 딸에게 서슴없이 명품 악기를 사 주시던 엄마. 그 무렵 내 왼쪽 턱 밑에는 바이올린에 닿아 생긴 자국이 푸른 멍처럼 짙어지고 있었다.

마치 대물림처럼 나도 자녀들을 응원했었다. 큰 딸은 피아노, 아들은 첼로, 막내딸에게는 바이올린을 배우게 했다. 어쩜 나의 이루지 못한 꿈을 자녀들을 통해 이루고 싶은 이기적인 생각이었는지 모른다.

개성이 뚜렷했던 막내딸은 중학교 때 나에게 도전장을 내밀었다. 자기의 길이 아니라며, 큰딸은 예고를 졸업하고 미국대학에서 피아노에서 뮤직비지니스로 전공을 바꾸었다. 아들은 첼로를 좋아해 무거운 첼로를 등에 메고 다니며 행복한 웃음이 떠나지 않았다. 음대 졸업 후 신학을 전공해 목회자의 길을 가고 있다. 첼로의 중후함과 진중함을 닮아 사람들과의 갈등을 조율하며 그 길을 묵묵히 걸어 갈 것을 믿는다.

렙스키 대로를 걸었다. 네바 강을 따라 형성된 길이라는 뜻의 이 길은 그렇게 화려하거나 웅장한 건물이 있는 길은 아니다. 하지만 푸시킨, 톨스토이, 차이코프스키, 도스토예프스키 등 위대한 예술가들이 차를 마시기도 하고 고뇌하며 걸었던 길이라 생각하니 가슴이 뭉클하다. 톨스토이가 안단테 칸타빌레를 들으며 하염없이 울었다고 하듯, 내 마음 깊은 곳에서 현악기의 미세한 떨림이 일고 있었다.

푸시킨 동상 앞에 앉아 그의 시를 떠올려 본다.

'삶이 그대를 속일지라도….'

언젠가 다시 뜰 무지개를 기다리듯 아름다운 악기의 선율과 푸시킨의 시가 있어 나의 젊은 날은 햇살처럼 반짝였으리라.

정교회 성당들과 낮은 건물들이 네바 강에게 묵례하듯 나도 두 손을 모으고 서 있었다.

베네치아

마지막 기차를 놓칠 수 없다. 숨이 턱에 차도록 뛰었다. 피렌체에서였다. 산타루치아 역에 도착해 두 딸과 함께 배를 타고 베네치아 본섬에 도착했다. 눈부신 오월의 햇빛이 물의 도시를 비추고 있다. 작은 이층집 모양의 호텔은 잘 꾸민 가정집처럼 편안해 보인다. 여행객을 위해 편안하게 가방을 옮길 수 있도록 엘리베이터가 설치되어 있었다. 예쁜 방에는 바다 빛 커튼이 실용적이면서 멋스럽다.

바다가 보이는 골목 노천 레스토랑에 세 명이 앉아 2인분의 식사를 주문해도 친절하기만 한 매니저가 고맙다. 2인분만 주문하다보니 남기는 음식 없이 깨끗이 먹을 수 있고 경비도 절약할 수 있어 기분까지 좋으니 일석삼조가 아니겠는가. 거기에다 이번 여행 중 맘먹고 체중을 감소하고 싶은 내 속내가 다분히 들어있다.

맛스럽게 보이는 음식을 먹으려는 순간 속이 메스껍기 시작하며 뱃멀미보다 심한 어지럼증이 일어나기 시작한다. 숙소로 돌아와 딸들만 산책을 보내고 침대에 누워 안정을 취했다. 무리한 탓이다. 피렌체에서 역까지 뛰고 며칠간의 여정이 체력의 한계를 드러내고 있다. 한번 나온 김에 많은 곳을 살펴보고자 하는 욕심이 화를 부른 것 같다. 왜 이곳이 오고 싶었을까. 소녀시절 읽은 셰익스피어의 희곡 '베니스의 상인'에서 이곳을 기억하고 있었을까. 별빛이 쏟아지는 푸른 하늘을 보며 흔들리는 곤돌라에 앉아 이태리 남성의 매력적인 노래 소리를 듣고 싶었을까.

다행히 저녁이 되니 컨디션이 조금 회복되는 듯하다. 가뭄에 축 쳐진 풀 같은 엄마에게, 밖에서 돌아온 딸들이 엄마가 회생했으니 노래를 한곡 부르란다. 어지럼증의 여운이 남아있

어 조심스레 일어나 앉았다. 때맞춰 부른 노래가 윤심덕이 부른 '사의 찬미'

"광막한 광야를 달리는 인생아, 너는 무엇을 찾으려 왔느냐." 제법 분위기를 잡고 부르다 끝부분의 가사 '돈도 명예도 사랑도 다 싫다'를 '다 좋다' 로 개사를 해서 부르니 두 딸은 박수치며 웃고 야단이다. 딸들을 다시 내보내고 누워 바다 건너 아름다운 성들을 바라본다. 살다보면 병원에 입원도 할 수 있는데 베네치아에서 하루 쉰다고 대수냐 싶다. 일에서 떠나 자유를 누려 보는 일이 몸이 지쳐 눕기 전에 미리 예방하는 일일 수도 있다. 일에 중독되어 헤어나지 못하면 불안감에 삶의 균형이 무너지기도 한다. 휴대폰 소리는 환청처럼 울려대는데 이럴 때 일상을 탈출하는 일은 신비한 묘약이다. 하지만 떠난다는 건 쉬운 일이 아니다. 경제가 허락할 때에는 시간이 여의치 않고 모든 일이 완벽할 때 여행을 한다는 것은 허상이다.

딸들이 다시 들어와 운송수단에 대한 얘기를 들려준다. 거리에 차는 한 대도 없다는 것, 바다를 운행하는 배가 수상택시와 수상버스란다. 거리에 차가 없으니 마음이 여유롭다고 한다.

무엇을 찾으려 베네치아에 왔을까. 몸이 피곤하니 모든 일이 무의미하다. 바다 너머 뾰족한 성, 그림엽서에서 보았던 풍경들, 곤돌라에서 부르는 가슴 설레게 할 것 같았던 노래, 모든 게 공허하다.

하지만 지친 몸과 마음을 쉬며 바다에 매어놓은 곤돌라의 흔들림을 보는 것도 위로가 되는 일이다. 바다 너머 건물들이 오래된 그림처럼 다가온다.

딸들이 결혼하면 이런 오붓한 시간을 가질 수 있겠는가. 세월이 흐른 후 베네치아의 수채화 같은 풍경을 기억하며 위로가 될 때도 있으리라.

다행히 저녁이 되니 어지러움도 가라앉고 일어설 만하다. 산마르코 광장으로 나가니 활기찬 사람들의 모습이 보인다. 이곳은 중세시대부터 가면 축제로 유명한 곳이다. 서민이나 귀족이나 서로의 신분을 숨기고 마음껏 속마음을 쏟아 내었지 싶다. 삶이 힘이 든다고 느껴질 때 가면을 쓰고 마음껏 노래할 수 있는 산마르코 광장이다. 카페와 레스토랑에서 피아노 3중주가 연주되고 다른 곳에서는 성악, 관악 등 다양한 연주가 흥겨운 분위기다.

남성 이중창으로 부르는 '푸니쿨리푸니쿨라' 는 우리나라에서도 많이 불리는 밝고 활기넘치는 나폴리 노래다. 그 노래에 얽힌 재미있는 얘기가 있다. 1880년 9월 나폴리 동쪽 12km

떨어진 베스 비오 화산에 처음으로 케이블카를 개통했을 때, 아무도 케이블카를 타려는 사람이 없자 이 곡에 재미있는 가사를 붙여 부르고 난 후 유명한 관광지가 되었다고 한다. 밝고 활기에 넘치는 곡과 가사 내용이 재미있다. -올라가자. 자, 가자. 지상에서 산 위에까지 이내 닿는다. 프랑스도 프러시아도 보인단다. 그리고 나는 너를 본다, 가사는 몰라도 그냥 '푸니꿀리 푸니 꿀라 -신나는 노래를 부르다 보면 금세 마음이 유쾌해지며 몸을 흔들게 된다.

그러고 보니 베니스에 춤을 추러 왔구나. 산을 오르는 케이블카를 타는 기분으로 흥에 겨워 몸치인 내 자신을 잊은 채, 누가 나더러 춤을 추라고 하는 사람도 없건만 리듬에 따라 춤을 추고 있다. 낯선 곳에서 누릴 수 있는 담대함이다. 음악에 취해 이쪽 저쪽 옮겨가며 그 나라 문화를 누려본다. 나폴레옹이 세상에서 가장 아름다운 응접실이라고 불렀던 산마르코 광장에서 무아지경으로 춘 춤은 나만이 아는 춤이리라. 나를 위해 수고한 내 몸을 위로하는 치유의 춤이다.

발칸반도

얼마 전 다녀온 발칸반도가 아직도 마음을 흔들고 있다. 아름다움과 슬픔이 일렁이는 발칸. 터키어로 푸른 산맥이라는 삼면이 바다를 접한 반도, 디나르알프스 산맥을 마주보며 아드리아 해의 청려한 바다는 유럽의 보석이라는 이름이 어울리는 곳이다.

발칸 4개국 크로아티아, 슬로베니아, 몬테네그로, 보스니아의 수려한 풍광과 중세시대의 성당, 성벽 등 많은 건축물이 보존되어 있는 지역이다 보스니아의 큰 아픔과 상처를 지니고 있는 모스타르의 오래된 다리는 마음을 저리게 한다. 모스타르. 오래된 다리라는 이름과 도시지명을 함께 가진 다리다. 1556년에 지어진 스타리 모스티는 1995년부터 3년간 지속된 보스니아 내전으로 무너졌다고 한다.

다리 건너편에는 무슬렘 인이 살고 있고, 반대편에는 카톨릭과 정교회 인이 살고 있다. 강을 마주보며 살았던 평화로웠던 이웃들이 서로를 죽여야 하는 운명으로 내몰렸다. 서로에게 총부리를 겨누다 엄청난 아픔과 상처의 증표로 남아있는 다리다. 이 아치형의 다리는 조심스럽게 건너지 않으면 넘어지기 십상이다. 강바닥에 파괴된 다리의 흔적을 주워 모아 복구하였다고 한다. 오래된 흔적들을 주워 모으며 그들은 부모 형제의 손, 발, 손가락을 줍듯 아픔을 줍고 보듬었을 것이다. 옛 모습 그대로 복원하려고 애쓴 흔적들이 역력했다. 2004년 유네스코와 세계은행의 지원으로 다시 복구된 다리는 2009년 유네스코가 세계문화 유산으로 지정하였다.

오래된 다리 위에서 내려다본 네레트바강은 디나르 알프스 만년설에서부터 발원한 강이라 눈이 시리도록 푸르다. 이 물줄기는 북서쪽으로 흐르다 다시 아드리아해로 흘러든다고 한다.

다리 위에서 바라본 듬직한 산 능선이 눈에 덮인 듯 새하얗다. 중턱에서 정상까지 메밀꽃 같은 들꽃이 여린 몸짓으로 안개처럼 흐르고 있다. 애써 아픈 기억들을 잊으려는 듯 흰 손수건을 흔드는 것 같은 애잔함이 절절하게 다가온다. 건물 곳곳에 검버섯처럼 남아 있는 총탄 자국들은 아직도 그 아픔을 전하고 있다. 무엇이 그들에게 위로가 될까. 모스타르 다리를 그린 그림하나를 사며 이곳이 영원한 평화의 다리가 되어 지상의 낙원이 되기를 소망해본다.

여행이란, 낯선 곳을 찾아 떠나는 것이라기보다, 오랫동안 묵혀 두었던 묵은지 맛 같은 그리움을 찾아 그 맛을 음미하는 것이다. 오랫동안 빨아 입지 못했던 옷을 깨끗이 빨아 다시 입을 때 그 상쾌함 같은 느낌이랄까. 막상 떠나려고 할 때 두렵기도 하고 성가시기도 하다. 마치 빨래를 할 때 비누질을 하고. 비비고, 헹구다보면 점점 맑아지는 청량함이다. 깨끗이 헹군 빨래가 밝은 햇볕과 시원한 바람에 말라, 그 빛나는 옷을 입고 떠나는 것이 여행이다.

바다 빛은 하늘 빛에 따라 푸르게도 또 검푸르게도 보인다는 것을 알았다. 푸른 하늘과 맑은 자연 덕에 바다 빛이 더 빛나고 맑아 보이는 것이다.

아드리아해의 청옥빛 바다와 그림 같은 붉은 집들, 초원의 들꽃무리, 올리브잎의 반짝거림. 붉게 읽어가는 체리의 달콤함보다 그들이 자연을 대하는 무언의 태도가 발길을 다시 그곳으로 돌리게 만드는 곳이다. 자연이란 있는 그대로 두는 것이라고 했던가. 돌이 닳고 닳아 반짝거리는 오래된 길을 걸으며 옛 시인을 만나고, 눈이 맑았던 사람들의 발자취를 걸어 보는 일. 길에서 우연히 만나도 놀라지도 않고 도망가지도 않는 태평스런 고양이와 눈인사를 나누는 일이 여행이다.

아드리아 해를 만나지 않고 낙원을 논하지 말라고 했던 영국 극작가 버나드 쇼의 말이 그곳을 다시 떠오르게 한다. 집으로 돌아와도 그곳의 맑은 생각들이 태내음처럼 아득히 들려 온다.

싸이프러스나무 풍경

도롱뇽이 사는 백사실 계곡은 깊은 산중이다. 서울 시내에 이런 곳이 있나 싶다. 언덕진 곳을 오르면 운치있는 동네가 나온다. 멀리 북한산 보현봉, 문수봉, 향로봉이 아스라이 보이는 부암동이다.

언덕 위에는 멋스런 찻집도 있고 주택들이 평화롭게 자리잡고 있다. 길옆 붉은 기와집 담벽에는 비닐로 코팅된 사진들이 여러 장 걸려 있다. 눈에 익은 싸이프러스나무 풍경이다. 멀리

로브첸의 험준한 돌산을 배경으로, 붉은 지붕들과 함께 마치 코트르를 지키는 철옹성 같은 나무다. 그 사진을 보니, 멀리 반도에 위치한 몬테네그로의 코트르 풍경이 다시 펼쳐진다. 아드리아해의 청옥빛 바다가 밀려와 호수처럼 잔잔한 피요르드를 무구히 바라보는 나무는 마치 집을 떠난 자녀를 기다리는 어머니의 모습을 닮았다. 하늘을 향해 두 손을 모은 듯, 한 점 흐트러짐없이 빗은 어머니의 낭자머리처럼 정갈하다.

고흐의 싸이프러스나무는 광기를 머금고 있다. 나무를 중심으로 우주가 격렬한 소용돌이 속에 휩싸여 있는 풍경이 마치 깊은 영혼의 세계를 표출하고 있는 듯하다. 고흐의 예술성을 몰라주던 세태를 원망이나 하듯 내면의 분노를 표출했을까. 아님 영혼이 유체를 떠나는 길을 묘사했을까.

'우리가 귀 기울여야 하는 것은 그림의 언어보다 자연의 언어다.' 고흐의 동생 테오가 형에게 보낸 편지 내용이 떠오른다.

가끔 어딘가로 떠나고 싶을 때가 있다. 왜 떠나고 싶을까. 어쩌면 움직일 수 없는 나무들을 만나러 가고 싶은지도 모른다.

터키 여행 중 히에라 폴리스에서의 싸이프러스나무는 침묵하듯 그 자리에 서 있었다. 지진으로 사라진 고대도시의 무수한 언어와 역사를 대변하듯 하늘을 향해 높이 솟아 있었다. 그 속에 뭔가 알 수 없는 비밀을 숨기고 있는 듯하다. 흰 목화로 성을 지은 것처럼 계단을 이루는 신비한 파묵칼레를 바라보며 서 있는 싸이프러스나무의 등걸을 만져보았다. 석회를 발라놓은 듯 단단한 표피는 골다공증이 생길 염려가 없어 보인다. 나무 등걸에서 골다공증으로 굽은 어머님의 허리가 겹친다.

시모상을 당한 친구는 시어머님 시신을 염습할 때, 허리가 굽은 시어머니의 등을 바르게 펴드렸다고 한다. 운명한 직후에는 그 일이 가능한 일이라는 친구의 말이 예사롭게 들리지 않았다. 어머님 임종 전에 그 얘기를 들었다면 과연 그 일을 할 수 있었을까.

어머님이 운명하시기전 정신이 맑을 때 어머님의 힘없는 손을 잡고

"어머니, 참 잘 살아오셨어요!"

진심으로 해드렸던 말이다.

희미한 미소로 답해주시던 어머님. 구부러진 허리는 펴 드리지 못했지만 상실감과 허무감을 지니고 있던 어머님 내면의 골다공증은 치유가 되지 않았을까. 마지못해 지어낸 어설픈 나의 진술이 아니기를 믿어본다.

어머님은 싸이프러스나무처럼 꼿꼿한 정신으로 사신 분이

지만 골다공증으로 허리가 굽으신 채로 세상을 떠나셨다. 이제는 하늘의 별이 되어 꼿꼿한 허리로 나무를 바라보고 계실까.

지진으로 형체만 남은 고대도시를 지키고 서 있는 싸이프러스나무를 영혼의 나무라고 누군가 얘기했다. 어쩌면 높은 곳의 신과 가장 가까운 나무다. 눈이 펑펑 내리는 날, 무너진 옛 터를 지키며 검은 가지에 흰 눈을 맞고 서 있는 나무는 수도자의 모습처럼 성스럽기까지 하다.

보이지 않는 그 무엇을 갈망하며 날을 세우고 있는 나의 심혼에 위로를 전하는 나무, 바람 부는 날에도 잎새 하나 흔들림 없이 무구한 빛을 발하고 있는 영혼의 나무 싸이프러스 옆에 그대로 서 있고 싶어지는 시간, 그 나무 곁에 오래 서 있으면 그 모습을 닮아갈 수 있을까.

터키 포플러

여행지로 이동하기 위해 보스포러스 해협을 뒤로 하고 리무진은 움직이기 시작한다. 장장 3500km가 넘는 먼 길을 돌아 다시 이스탄불로 돌아오는 여정이다.

'실크로드' 인류 최초의 길이라는 비단길을 따라가다 보면 대상들의 숙소였던 마을이 아스라이 보이기 시작한다. 가이드의 설명과 애련한 음악이 흐르고, 멀리 보이는 실크로드는 먼 길을 떠나는 대상들의 행렬과 포플러가 마치 숙명처럼 어울리는 그림으로 펼쳐진다.

밀농사가 끝난 대지 위에는 밀 그루터기가 아직도 노랗게 보여 새로운 작물이 자라는 것처럼 보인다. 풍요로운 땅에는 목화밭이 무궁무진하게 펼쳐지고 있다. 그곳이 얼마 전에는 해바라기가 피어있던 평원이라고 하니 아직도 대지가 노랗게 물들어 있는 것 같다. 계절에 따라 튤립, 아네모네 등 다양한 식물을 심는 땅이라 어느 계절에 와도 아름다운 풍광을 기대할 수 있는 곳이다.

잠시 눈을 감고 있었을 뿐인데 잠을 잔 것 같다. 민둥산에는 화산석이 기묘한 모습들로 서 있다. 그 아래로 마을이 보인다. 보이는 마을마다 작은 모스크와 첨탑이 솟아있다. 모스크 외에는 볼 수 없는 것이 교회와 성당이다.

눈에 익은 포플러 나무들이 차창 밖으로 아스라하게 줄지어 서 있다. 10월 하순인데도 아직 푸른 잎을 드리우고 하늘로 뻗은 가지와 무수한 잎들은 환상적인 춤사위를 보여준다.

가도 가도 끝없이 펼쳐진 포플러 군락은 어린 날 고향 신작로에 줄지어 서 있던 포플러 나무들과 닮았다. 큰 키를 세우고 무장한 병사들처럼 학교 가는 길목을 지키던 나무들, 내가 중학교 때 전학을 가던 날, 그 키 큰 나무들은 몸을 흔들며 나를 배웅했었다. 훌쩍 커서 고향을 찾았을 때 베어지고 없던 먼 그리움의 나무들.

높은 고원으로 올라갈수록 황금색 반짝임으로 이방인을 맞이한다. 도열하듯 서 있는 저 무수한 나무들은 누구를 기다리고 있을까. 모네가 아나톨리아 고원의 포플러를 보았다면 어떻게 표현했을까. 에프트 강가의 포플러는 노을빛에 반사되어 붉게 빛나고, 차창 밖으로 보이는 나무들은 긴 호흡으로 임무를 수행하느라 술렁이고 있다. 우리나라 가을의 속도는 시속 1km라 하는데 이곳의 속도는 얼마나 될까. 위도가 우리나라 서울과 같다고 하니 서울에 포플러 나무가 있다면 이런 빛일까. 잎이 떨어진 나무 둥지는 오래된 유물처럼 희게 빛나고 잔가지는 마치 생선뼈처럼 허연 빛을 드러내고 있다.

잎을 모두 떨구어 낸 회색 나무 둥지의 정갈함은 내 마음에 자리하고 있는 많은 것을 내려놓으라고 채근하고 있는 것이리라.

비단길에서 토로스 산맥에 다다를 때까지 연둣빛에서 노란빛으로 마지막 흰 수피까지 드러내 보이며 눈에서 마음으로 물들던 정경들이 떠나지 않는다.

회색 모스크의 나라 지중해와 흑해, 마르마라해가 둘러싸인 반도의 나라. 알라만이 존재할 것 같은 먼 나라지만, 이렇게 그리움으로 남는 건 시리도록 아름다운 포플러 나무의 고요한 풍광이 나를 향해 손짓하고 있기 때문이다.

“여보게, 모든 이론은 회색이고, 영원한 것은 저 푸른 생명의 나무 뿐이라네.”

괴테의 파우스트에 나오는 말이 실감나게 다시 들려 오는듯하다.

오염되어가는 지구 곳곳에 청량한 바람을 보내고 있을 아나톨리아 고원의 포플러, 그 나무들을 생각하면 슬퍼지려는 마음을 달랠 수 있다. ‘나무 외의 것은 생각하지도, 되려고도 하지마라’ 며 서로를 위무하는 듯 내 마음을 쓰다듬는 나무들의 수런거림이 들려온다.

어쩌면 뽑혀나간 우리나라의 포플러 나무처럼 잃어버린 내 마음을 다시 세우는 일이 여행이다. 그러나 또 삶의 여정에서 생긴 생채기를 치유하기 위해 새로운 여행을 준비하고 있는 일이 나의 삶인지도 모른다.

콜로라도 강

강은 나를 따라왔다. 어쩌면 내가 그 강을 따라가고 있는 것인지도 모른다. 시에라네바다 사막을 바라보며 가는 길은 망망한 바다를 항해하는 느낌이다.

캘리포니아 주를 지나 네바다 주에 들어서면 삭막한 풍경이 이어진다. 시에라 산맥 등성에는 만년설이 보인다. 막막한 지평선을 바라보니 먼 지평선 위로 불덩이 같은 해가 쑥 넘어가는 풍경이 생경스럽다.

미국 서부 대륙은 나와 인연이 각별하다. 큰딸 학교를 답사한다는 명목으로, 20여 년 전 미국 서부 대륙을 스쳐 갔었다. 3년 전에는 아들 졸업과 사는 근황을 본다는 핑계로, 이번에는 아들 목사 안수식 참석차 그이와 큰딸을 대동하여 가족여행을 오게 된 것이다.

흐르는 물을 따라 가는 여행이다. 삭막한 콜로라도 고원과 네바다 산맥에서 강을 만날 수 있다는 일은 큰 행운이다. 후버댐 밑으로 숨바꼭질하듯 보이는 강이 그렇게 반가울 수가 없다.

창조주의 선물 중 가장 위대하다는 그랜드캐년의 광대무변함에 무릎을 꿇고, 아찔한 협곡 아래로 강물을 내려다보았다. 무섭도록 짙은 그 강은 메마른 여인의 몸매를 보듯 실망감을 안겨주었다. 하지만 그건 내 욕심이다. 강 아래까지의 높이가 1500미터가 넘는 곳에서 바라보는 강이 그 속내를 얼마를 보여줄 것인가.

광활한 땅을 가로 지르는 강은 길기도 하다. 로키 산맥에서 발원한 강은 2330km를 흐르며 그랜드캐년 대협곡을 만들어 무변한 풍광을 보여준다.

며칠을 여행하다 피곤을 느낄 즈음이었다. 하룻밤 묵어가는 호텔 '라플린' 이라는 곳에 도착했다. 석양 무렵 나무가 보이며 강줄기가 조금씩 보이기 시작한다. 저녁을 먹고 강이 보일 것 같은 곳을 찾아 나갔다. 아니나다를까 호텔 뒤쪽으로 천혜의 요새 같은 강이 흐르고 은모래가 펼쳐져 있었다. 가이드가 잊어버리고 알려 주지 않았는지, 새벽 4시에 기상하는 피곤한 여행객을 위한 배려였는지는 모를 일이다.

그이는 바닷가에서 자란 사람답게 아이처럼 수영을 하며 우리도 들어오라고 부른다.

딸과 긴 비치의자에 누워 하늘을 본다. 별이 총총하다.

~콜로라도에 달 밝은 밤은 마음 그리워 저 하늘~

나도 모르게 흥얼거리던 노래는 강물을 따라 잔물결이 되어 흐른다. 달빛과 불빛 사이로 작은 물고기 떼들이 꼬리를 흔들며 우리를 반긴다. 가끔씩 이런 행복한 시간을 대할 때 감사한 마음과 함께 꿈이라는 가정을 한다. 어쩌면 고난이 찾아 올 때를 대비하는 강구책인지도 모른다. '고난의 총량의 법칙'이란 말을 생각해본다. 젊은 날 육신의 고통을 겪으며 그 고난의 총량을 다 소멸시켰는지 모른다는 생각을 하며 위안을 느껴본다.

어느덧 해는 저물고 달빛이 물에 잠긴다. 아들네 가족이 이렇게 먼 곳에 살다보니 늘 그리움을 안고 살아간다. 이제는 보고 싶다, 그립다는 말은 이 강에 던져버려야 할지 모른다.

엄마가 평안한 삶만 살았다면 아들이 목회자의 길을 가지 않았을 것이다. 목회자로 살아야 하는 아들, 며느리를 생각하면 어깨가 무거워짐을 느낀다. 많은 사람을 사랑하며, 인내하며 살아야 하는 길. 그 일을 위해 묵묵히 기도하는 일이 내가 해야 할 일이다.

-지혜 있는 자는 "궁창의 빛과 같이 빛날 것이요 많은 사람을 옳은 데로 돌아오게 한 자는 별과 같이 영원토록 빛나리라" 다니엘서 12장 3절 말씀이 아들의 길을 인도해 주실 것을 믿어본다.

그리운 모든 것을 만나는 곳이 강이다. 이 세상의 모든 물은 언젠가 다시 만나게 되기 때문이다. 다시 올 수 있을지 마지막이 될지도 모르는 망망한 이곳, 그리움의 거리는 얼마쯤 될까. 먼 길을 흘러온 강물에 발을 담근다. 이 강은 콜로라도 고원을 지나, 모하비의 용광로 같은 사막을 거쳐, 라스베가스의 메마른 도시에 넉넉한 물을 선물하고, 캘리포니아의 비옥한 땅을 적셔준다. 어느새 또 하나의 강이 내 마음에 흘러가고 있다.

황산 가는 길

황산으로 가는 길목에 연보라 빛의 오동나무 꽃이 눈을 부비며 서 있다. 오랜 세월을 묵묵히 견뎌온 나무는 길손을 정중하게 맞이한다.

유채꽃 무리들이 이른 봄 다른 꽃보다 먼저 후덕한 인심을 보이며 언덕을 샛노랗게 덮고 있다. 자투리땅만 있어도 유채씨를 뿌리는 중국인들의 알뜰함이 보인다. 우리나라 가을 들녘을 바라보는 느낌이다. 층층이 산 능선까지 노란 물결이 바람에 흔들린다. 황금빛의 유채꽃이 많은 곳이라 황주라고 했을까. 유채꽃이 지고나면 까만 씨가 남는데 그것으로 짠 기름이 '카놀라 유' 라 한다.

황산을 오르는 수많은 돌계단을 오르며 나도 모르게 신음소리가 나온다. 기암괴석 위에 청청하게 서있는 등 굽은 소나무들을 보며 자연이 주는 창조주의 신묘막심함에 찬사를 보낸다.

일행을 따라 오르다 뒤를 돌아보니, 깡마른 체구의 남성이 무거운 짐을 양 어깨에 걸치고 비 오듯 땀을 흘리며 계단을 오른다. 그의 고단해 보이는 눈매와 마주치는 순간 정신이 번쩍 든다. 가벼운 배낭 하나 메고, 유유자적 오르는 일을 힘들게 느낀다면, 저 무거운 짐을 지고 오르는 저이를 볼 면목이 없어진다. 황산 꼭대기에 있는 호텔이나 음식점에 필요한 물건들을 등에 지고 나르는 일을 하는 짐꾼이다. 양쪽 어깨에 균형을 맞추며 계단을 오르는 짐꾼의 뒤를 따르며 그가 짊어지고 가는 인생의 무게를 가늠해 본다.

끝이 보이지 않는 서해 협곡 위에 서니 지난 삶, 병고에 시달리며 힘들어 했던 일이 스쳐 지나간다. 내 짐이 무겁게 느껴지고 그 짐이 점점 더 무거워지며 나를 짓누를 때, 십자가를 지고 골고다 언덕을 오르던 예수그리스도를 생각하며 큰 위로를 받았던 일이 서해 협곡 아래 다가온다.

지난 모든 삶이 이제는 한갓 바람같은 것이었다고 감히 말할 수 있는 나이가 된 것일까. 저마다 지고 가야 할 삶의 무게가 있다면 내 삶의 무게는 얼마나 될까.

내가 지고 가야 할 인생길의 짐. 그 짐이 가볍다고 결코 가벼운 것도 또 무겁다고 마냥 무거운 것도 아닐 것이다. 내가 진 짐의 무게를 어떻게 셈하느냐에 따라 그 짐의 무게는 다르게 느껴질 것이다. 황산을 오르는 짐꾼이 그 짐의 무게만큼 행복을 셈한다는 생각을 해보니 그의 짐이 오히려 위로가 되었다.

요즘 내 짐이 무겁고 힘들다는 생각을 한 적이 있다. 사무실 행사가 자주 있다보니 음식 준비, 집안 살림살이, 일주일 두 번 수업을 위한 외출, 시골 텃밭 가꾸기 등 많은 일들이 힘에 부쳤다. 하지만 손을 잠시 움직여 먹거리가 풍성해지는 기쁨을 경험하다보면 힘든 마음은 사라진다.

내가 가장 잘 할 수 있는 일이 무얼까. 젊은 날 우둔한 손으로 바이올린을 하기도 했다. 음감도 둔하고 어깨와 목은 결리고 손가락은 또 얼마나 아프던지.

세상에 수월한 일이 있을까. 몇 년 전만 해도 내가 잘하는 일이 사업이라는 오만한 생각을 하기도 했다. 지금은 한발 물러

서서 나를 본다. 제일 익숙하고 잘하는 일이 밥하는 일이라는 생각을 해보니 다행이라는 생각이 든다. 먹는 일 만큼 귀한 일이 또 어디 있을까. 남편이 요즘 하는 말 –당신이 해 주는 밥이 세상에서 제일 맛있다. 당신이 해 주는 밥을 먹을 수 있어 행복하다.–

남편의 칭찬을 양념 삼아 어깨 들썩이며 신명나게 밥해 먹으며 사는 일도 괜찮은 일이다.

그런 생각이 드는 건 그 짐꾼의 순한 눈매 때문일까. 황산에서 짐을 지고 가던 그도 식구들과 먹는 따뜻한 밥상을 위해 힘든 노동을 마다하지 않고 높은 산을 오르고 있을 것이다. 그의 짐에 비하면 내 짐은 지극히 가벼운 짐이다.

부엌에서 이런 셈을 하며 음식을 준비하다보면 내 짐의 무게는 한결 더 가벼워진다.

구름 위에서

휴대폰 소리가 귀에서 떠나지 않는다. 하던 사업을 뒤로하고 한 번씩 떠난다는 것이 만만한 일은 아니다. 자유로운 새처럼, 미혼의 두 딸과 함께 가고 싶은 몇 나라를 정해 떠나고 있다. 보이지 않는 경쟁과 삶의 무게에서 벗어나고플 때, 가뭇없이 잠시 이주하는 것이 여행이기도 하다.

비행기 안에서 오랜 시간을 견딘다는 것은 고통스러울 수도 있다. 다행히 창 쪽에 앉으면 창이 오롯이 내 것 인양 얼굴만

한 창을 통해 광활한 세상을 바라보며 하늘을 날아간다. 잘 정돈된 밭이나 논이 큰 떡판처럼 보이기도 하고, 강줄기는 신작로마냥 굽이굽이 돌며 푸른 들을 적시고 있다. 내 땅, 내 집 하던 영역들이 작은 장난감처럼 얽혀있다. 맑은 날은 창망한 하늘을 바라볼 수 있어 마음이 후련해지고, 구름이 있는 날은 솜털같은 구름바다를 훨훨 날 수 있어 마음이 가뿐하다. 저물녘 노을 지는 하늘 끝을 바라보기도 하고 밤이 되면 갈맷빛 하늘 끝에서 반달이 불쑥 나타나, 탈바가지를 쓴 넉살좋은 친구마냥 웃고 있기도 한다. 어떤 때는 창창한 별들의 반짝임을 바라보며 언젠가 내가 가야할 어느 별을 상상해 보기도 한다.

좌석 앞에 있는 작은 모니터로 비행기 항로를 검색하다 보면 지루할 틈이 없다. 알타이 산맥을 지날 때는 수많은 양떼가 누워 있는 것 같다. 눈이 녹은 산과 황무지 같은 고원이 초원인지 사막인지 구분 할 수가 없다. 안개와 황사 때문이 아닐까. 삶이 막막할 때 앞이 보이지 않을 때가 이런 상황일까. 기체가 흔들리고 구름바람이 거세게 몰아치고 있다. 거대한 바위를 연상케 하는 몽골 옷 문양을 한 땅, 나무 한그루 보이지 않는 민둥산, 저기가 고비 사막일까. 강줄기는 얼음장 같은 흰 띠를 두르고 멈추어 있다. 희끗희끗 눈이 녹은 고원지대는 잎 떨어진 나무 형상처럼 길게 그림자를 드리우고 있다. 러시아 만년설은 거대한 산맥과 산봉우리로 하얀 세상의 주인처럼 장엄하게 서 있다. 자연의 경이로움을 품고 있는 산, 하얗게 빛나고 있다. 오염되지 않은 설산을 지나며 아직은 지구가 건강하다는 희망을 가져본다.

거대한 강줄기가 얼었다 군데군데 녹아있는 것이 유리 파편처럼 빛나고 있다. 곳곳의 산줄기에서 은빛을 발하며 물줄기는 실핏줄처럼 번져 계곡을 만들며 강을 이루어 바다로 가고 있다. 아무르강 줄기는 상형문자처럼 번져가고 창밖의 빛이 유리창으로 비치며 얼굴이 뜨거워진다. 아무르강. 가 본적이 없는 강이다. 상상만 하던 강 어디쯤을 지나가고 있을까. 합창으로 들었던 '아무르강의 물결'이 들려오는 듯하다. 혼성합창으로 들을 때 그 선율의 조화는 가슴이 저며 온다. 붉은 군대 합창으로 들을 땐 온 몸에 소름이 돋는 강한 힘이 느껴지는 곡이다. 음악처럼 몸을 살짝 흔들어 본다. '아무르강의 물결' 을 듣고 난 뒤부터 꼭 한번 가보고 싶은 아무르강. 시베리아의 거센 바람이 불 때, 그 검은 강의 물살은 장엄하게 흐르리라.

어느새 우랄산맥을 지나 목적지가 가까워지고 있다.

오른손이 왼손을

러시아 여행 중 상트페테르 부르크에 있는 세계 3대 박물관에 들어간다는 에르미타주 국립 박물관에 들어섰다. 명작을 감상하며 도저히 넘볼 수 없는 재능을 타고난 미술가들을 흠모해 본다.

많은 작품들을 감상하던 중 엄청난 무게의 그림 앞에 내 마음이 눌리기 시작했다. 렘브란트의 작품 중 걸작이라는 표현에 걸맞게 관람객을 압도하고 있었다. 성경 누가복음 15장 잃은 아들의 비유 '돌아온 탕자'를 그린 작품이다.

사람들은 이 그림을 세상에서 가장 아름답고 위대한 성서화라고 말한다. 부모님의 조건 없는 사랑과 무한한 하나님의 사랑을 한 폭의 그림을 통해 펼치고 있기 때문이다. 성경의 내용이 그려지기 시작한다.

철없는 작은 아들이 부유한 아버지에게서 분배받은 재산을 다 탕진하고 흉년이 들어 돼지가 먹는 쥐엄 열매로 연명하다 누추한 행색으로 집으로 돌아온다. 아버지와 만나는 순간을 그린 그림의 주제다. 무한한 하나님의 은혜와 따뜻한 육신의 아버지의 사랑을 느끼며 내 무거운 어깨를 기대어 본다. 말할 수 없는 위로와 평안이 내 마음을 어루만짐을 느낀다.

해진 신발과 죄수같이 빡빡 자른 머리와 누더기 옷은 방탕했던 아들의 모습을 잘 표현하고 있다. 가이드의 설명이 없었다면 그림 속 아버지의 손을 예사롭게 생각할 뻔 했다. 오른손은 부드럽고 왼손은 투박하다. 오른손이 온아한 모성의 손이라면 왼손은 강하고 힘있는 아버지의 손을 표현했다.

나의 오른손과 그림의 오른손은 대조적이다. 내 오른손은 왼손보다 많이 투박하다. 손이 쉴 때 내 왼손은 오른손을 늘 감싸고 있다. 무의식 중에도 부드러운 왼손은 투박한 오른손을 숨기고 있다.

어린 시절의 내 모습과 결혼 후의 내 모습이 그림과 오버랩되기 시작한다. 마치 영화의 한 장면 아니 내 삶 전체가 그림과 주거니 받거니 물결치고 있다.

그림 속의 두 주인공 옆에는 불만이 가득한 모습으로 두 사람을 내려다보고 있는 맏아들의 모습이 두드러지게 보인다. 늙고 약해진 아버지 무릎에 얼굴을 묻고 꿇어앉아 있는 그의 동생을 매몰차게 바라본다. 그의 눈매에는 섭섭함과 질투, 공로의식이 짙게 나타나 있다. 동생을 정죄하지 않고 살찐 송아지를 잡으라는 아버지에게 불만이 가득한 모습이다. 열심히 맏아들 노릇을 한 자기에게는 염소새끼 한 마리 잡아먹으라며 인심 쓰지 않던 아버지가 원망스럽다는 표정이다. 어디 그뿐일까. 많은 재산을 탕진하고 돌아온 동생이 얼마나 얄미울까. 어쩌면 렘브란트는 아버지와 돌아온 탕자보다 맏아들을 더 강하게 표현하고 싶었는지도 모른다.

그림 속의 아버지의 얼굴 표정이 밝은 색채로 표현되어 있지만 마음은 어두운 것 같다. 잃었던 자식이 돌아와 기쁘기도 하지만 그 감동을 큰 아들이 가로막고 있다. 함께 기뻐하지 않는 큰 아들의 모습은 내면의 나의 모습이다. 자식에게는 본능적으로 아까운 것 없이 베풀고 싶다. 하지만 다른 일에는 손이 안으로 감긴다. 이만하면 되었다는 자만심이 내면에 자리 잡고 불만이 싹트기도 한다.

하지만 내 헌신의 대가를 상으로 받았다면 이미 나의 공로는 사라지고 없는 것이다. 보이지 않는 내면의 세계에서 작은 빛이나마 찾으려 한다면 아무런 대가를 바라지 않고 베푸는 일일 것이다. 이런 마음이 진정한 회개가 될 수 있을까.

'네게 씨앗과 밭을 주었다. 그 뿐이 아니다 햇빛과 바람과 물도 주었지. 가끔 거름도 주었다. 너 혼자 힘으로 살아 왔을까. 입장을 바꾸어 생각해 보렴' 이런 소리가 그림 속의 아버지가 자만심으로 똘똘 뭉쳐 있는 나에게 얘기하는 듯하다.

친정아버지가 결혼하기 전 '맏이는 조기대가리를 먹어도 더 먹는다. 형만한 아우가 없다' 는 말씀으로 나를 격려하셨다. 그 조기대가리의 힘으로 맏며느리의 직분을 완수하며 살았지 않았을까. 만일 내가 많은 유산을 받았다면 베짱이처럼 노래만 부르고 살았을지도 모른다. 비빌 언덕이 없다보니 빈들에 서서 푸른 하늘을 바라보며 두 손을 모으고 기도했을 것이다. '아버지! 메마른 땅에 단비를 내려주셔요. 씨앗이 싹이 트게요. 제 힘으로는 아무 것도 할 수 없습니다.'

기도할 때의 손을 보면 오른손이 왼손 위에 겹쳐지고, 왼손은 오른손의 든든한 버팀목이 된다. 탕자의 누추함이나 맏아들의 우월감이 하나가 되어 조화를 이룬다. 그림 속 아버지의 힘줄이 두드러진 왼손의 강인함과 오른손의 인자함, 그 두 손처럼 조금 부드러운 왼손과 더 거친 오른손이 있었기에 나약하고 부족한 내가 이 척박한 땅을 딛고 살 수 있는 힘이 되었을 것이다.

늘 감추기만 했던 거칠어진 오른손을 부드러운 왼손으로 쓰다듬어 보는 시간이다.

3부

흔적

목련꽃잎을 영원히 보고 싶은 내 마음도 쓸데없는 집착인지도 모를 일이다. 누군가를 사랑한다면, 그 누군가를 사랑하는 마음마저 버려야 비로소 사랑할 수 있듯이 어떤 것을 진정 소중히 여긴다는 것은 그것을 내게 묶어두는 것이 아니라 저 꽃잎처럼 훌훌 털어버리는 것임을 알겠다.

목련나무가 있는 집

봄밤, 담장을 넘나드는 빗소리에 잠을 깼다. 코를 골고 자고 있는 남편의 손이 내 어깨 위에 올려져 있다. 내가 할 수 없는 일을 하는 그 대견한 손을 한 번 잡아본다. 힘줄이 불거지고 울퉁불퉁해진 손이 조금 낯설다. 이렇게 자세히 남편의 손을 살펴본 적이 없다. 평소에 하지 않는 행동을 하는데도 그는 세상모르고 자고 있다.

지금 살고 있는 대신동 집에 이사를 왔을 때, 목련나무는 우람하게 양팔을 벌리고 마당에 서 있었다. 그네를 매달아도 될 것 같은 큰 키와 풍만한 자태에 믿음이 갔다. 땅 속 깊이 뿌리를 내리고 머리는 하늘을 향해 서있는 나무는, 현실에 얽매여 땅에 발을 딛고 있지만 이상은 저 높은 곳을 향하고 있는 사람과 많이 닮아 있었다.

겨우내 솜털 같은 꽃눈을 달고 있던 목련나무가 따스한 봄날 해산의 고통을 겪는가 싶더니 눈부시게 새하얀 깃털의 새들을 낳고 또 낳아 나뭇가지 끝에 사뿐히 앉혀 놓았다. 나는 그 통통한 몸집을 가진 하얀 새들이 저녁이 되면 하늘로 날아가 버리지나 않을까 조바심이 일기도 했었다. 봄밤에 핀 목련꽃을 보면 달빛이 하얀 등불을 켜놓은 듯 그 모습이 청아했다. 잎을 피우기도 전에 꽃을 먼저 피우는 목련처럼 아직 다 살아보지 못한 미래가 한편 두렵기도 하고 또 설레기도 했다.

꽃샘바람에 목련의 흰 꽃잎들이 날려 담장 너머로 뚝뚝 떨어져, 지나는 사람들의 발에 짓밟힐 때 비로소 귀천지별이 엇갈린다. 하지만 제 스스로 지고 싶어 지는 꽃이 어디 있으랴. 봄만 데려다 놓고 저리 훌쩍 제 갈길 가버리는 목련꽃이 야속하여 내 마음엔 어지러운 바람만 불다 가곤했다.

하루는 집에 들어와 보니 가지가 다 잘려나가 거의 몸통만 남은 나무 한그루가 생뚱맞게 나를 맞아주었다. 목련꽃이 하나 둘 떨어질 때마다 애달파하는 내 모습이 눈에 밟혀서 그랬을까. 아니면 바람 불때마다 옆집으로 날아가 떨어지는 꽃잎들이 이웃에 불편을 주지 않을까 하는 노파심에서 그리했을까. 남편이 목련나무에 올라가 큰 톱으로 가지를 모두 잘라내 버린 것이다. 가지가 잘려나간 나무의 모습이 마치 두 팔이 잘려나간 환자가 붕대를 친친 감고 서 있는 것처럼 생경스럽고 마음이 아렸다. 여러 상황을 고려해 결정한 일이라 여기면서도 내심 서운하고 안타까웠다. 다시 봄이 돌아와도 잎과 가지가 다 잘린 나무는 몇 년째 죽은 듯 그 자리에 서 있었다.

그 집을 처음 사게 된 동기도 마당에 흐드러지게 핀 목련꽃이 있어서였다. 결혼 전, 유독 좋아했던 가곡이 목련화였고 이 노래를 잘 부르는 성악가의 음악회를 가기 위해

몇 달 전부터 마음을 졸이곤 했다. 주택가 골목을 지날 때마다 목련꽃이 하얗게 핀 집이 있으면 발길을 멈춰 꽃향기에 취해도 보고, 나도 나중에 집을 사게 되면 마당에 목련나무를 꼭 심어야겠다고 다짐하곤 했었다. 그런 날은 친구와 산등성이에 올라 목련화 노래를 불렀는데 신기하게도 가슴이 뻥 뚫리는 듯 했다.

젊은 날의 목련화는 내 마음의 꽃이자 표상이기도 했다. 꽃

봉오리 끝이 북쪽을 향한다고 해서 '북향화' 라고 불리는 강인한 꽃, 중국에서는 목련의 꽃눈이 글을 쓰는 붓을 닮았다고 해서 '목필'이라고 부르기도 한다는데 목련꽃은 나무에 피는 연꽃같이 자애로움을 머금고 있다. 말린 꽃잎을 약재로 쓰기도 하고 차로 마시기도 하는 인애의 나무. 만개하기 전에 꽃봉오리는 하늘을 향해 기도하는 듯 숭고한 자태였기에 나도 모르게 옷매무새를 단정히 여미게 되는 위엄 있는 꽃이었다.

결혼 후 처음 집을 갖게 되었을 땐 상가주택이다 보니 내가 좋아하는 목련나무를 심을 자투리 공간이 없었다. 책방을 운영하던 때라 신학기가 되면 새로 납품할 책들과 씨름하다보면 심신이 모두 녹초가 된다. 그 시기가 지나야 한 숨 돌릴 시간이 온다.

어느 날 책방에서 책 정리를 하다가 무심코 창밖을 내다보는데, 길 건너 주택가 담장 너머로 이제 막 피어나는 하얀 목련꽃이 눈에 들었다. 내가 심지도 않고 가꾸지도 않았지만 봄마다 찾아오는 귀한 손님처럼 그 고마운 나무는 20여년의 세월동안 내게 큰 위로와 기쁨을 주었다. 정작 목련나무의 주인은 문을 열고 밖으로 나와야 만개한 꽃을 볼 수 있지만, 나는 책방 안에 가만히 앉아서도 투명 유리창을 통해 꽃이 질 때까지 그 꽃을 만날 수 있었다. 음악회도 갈 수 없고 꽃구경도 쉽지 않던 팍팍

한 시절, 많은 사람들에게 축복의 꽃다발을 선물하던 목련나무는 아직도 그 자리에 서 있을까. 어쩌면 그 때부터 목련꽃이 활짝 피는 집을 꿈꾸고 있었기에 지금까지도 인연을 이어가고 있지 않은가 싶다.

잘려나간 목련나무에서 다시 꽃을 보게 되기까지 꽤 오랜 날들을 기다려야 했다. 다행히 몇 년 뒤에 나뭇가지가 자라나고 연둣빛 새순이 돋아나왔다. 나무가 죽을까봐 노심초사했던 날들을 보상이라도 하듯 그 이듬해에는 목련꽃이 더 무성하게 피어올랐다.

하루사이에 필듯 말듯 움츠리고 있던 응달쪽의 꽃송이들마저도 한꺼번에, 일제히, 속된 말로 미친 듯이 피어났다는 표현이 더 적절하지 싶다. 저러다 정말 가지가 부러지지나 않을까 하는 걱정이 앞설 만큼.

우리 집 담장을 넘어 피어나는 목련꽃도 우리가 바라보는 눈길보다 다른 이들이 바라보는 눈길이 더 많을 것이다. 아침에 나갔다 저녁에 돌아오면 만개한 꽃을 몇 번 마주하기도 어렵게 꽃이 이내 지고 만다. 목련나무가 있는 집을 갖고자 얼마나 많은 시간과 노력을 쏟아 부었던가. 세상 이치가 그렇다. 내가 이루었다고 해서 내가 모두 갖는 것이 아니라 온전히 누리는 자의 몫일뿐이다.

어쩌면 목련꽃에 흠뻑 시선을 빼앗겼던 시간들은 봄기운이 겨울을 밀어내고 있음을 느끼는 작은 기쁨이었을지도 모른다. 하늘 하나 가득 수천, 수만 송이의 하얀 팝콘이 열려 있는 것처럼 꽃송이들이 팡팡 터지는 큰 팝콘나무.

헤어지는 사람, 사라지는 것들과의 쓸쓸한 이별을 꽃씨처럼 오래오래 내 가슴에 묻어둔 적이 있었다. 하지만 그 만남이 첫 만남이 아니었고 그 이별이 첫 이별이 아니었음을 이제야 알 것 같다.

목련꽃잎을 영원히 보고 싶은 내 마음도 쓸데없는 집착인지도 모를 일이다. 누군가를 사랑한다면, 그 누군가를 사랑하는 마음마저 버려야 비로소 사랑할 수 있듯이 어떤 것을 진정 소중히 여긴다는 것은 그것을 내게 묶어두는 것이 아니라 저 꽃잎처럼 훌훌 털어버리는 것임을 알겠다.

보히니 호수

저물녘 호수의 끝자락은 원근법의 대비가 극대화된 그림처럼 아득하게 펼쳐진다. 뒤뚱거리며 다가오던 오리 떼도, 형형히 빛나던 수면 위의 물빛도, 어둠 속으로 침윤되어 가고 있다. 장엄한 음악의 여운처럼 주위의 풍광을 감싼 호수는 깊은 안식에 들었다.

오월 중순의 새벽 날씨는 제법 쌀쌀하다. 방한복을 입고 나뭇잎이 흔들리는 오래된 숲으로 나갔다. 고운 모래가 투명한 물

속에 몸을 숨기고 있는 여인의 속살처럼 살며시 모습을 드러내고, 고요한 수면 아래로 물고기 떼가 그림자처럼 헤엄치고 있다.

숲속을 빠져 나간 그이가 갑자기 달리고 있다. 달려가는 그이를 부를 여유도 없이 그와의 간격은 멀어지고 있다. 그의 뒷모습을 바라보다 언젠가 어머님께 들은 그의 소년시절 얘기가 떠오른다. 아침에 일어나면 누가 시키지 않아도 집안을 둘러보고 밭에 풀이라도 매고 들어와서 보리밥 한 두 숟갈을 급하게 먹었다거나, 학교 늦겠다고 걱정하는 어머니께, 달려가면 지각하지 않는다고 안심시키던 얘기가 그의 등 뒤에서 스멀거린다. 어린 동생들 뒷바라지, 밭농사에 여념이 없던 어머니께 또 하나의 손이었다고 하시며 눈언저리가 촉촉히 젖곤 하셨다. 그이의 등을 거칠고 투박한 어머니의 손이 토닥이고 있는 것 같다.

그 자리에 서 있고 싶은 나, 달리고 싶은 그이는 새로운 세상을 바라보고 있다. 달리는 그를 멈추게 할 수가 없다. 나도 모르게 그를 따라 달리기 시작했다. 만일 그를 떠나보내고 이곳에 혼자 남는다면 솔베이지처럼 그를 기다리며 살 수 있을까. 바람처럼 지나가는 생각이다.

겨울이면 이 호수는 눈부시게 반짝일 것이다. 희고 고요한 세상, 총총히 빛나는 별빛, 트라글라브 설산 위로 반달이 떠오르면, 연을 날리고 있는 소년에게 씽긋 웃을 것 같은 반달, 시리고 고달팠던 그의 소년 시절이 아름다운 호수 위로 되비쳐 그의 은발처럼 빛날 것이다.

슬로베니아의 최고봉 트라글라브(2800m) 산봉우리에 만년설이 희게 빛나고 있다. 최고봉을 중심으로 위엄있게 서 있는 준령들이 늠름하다. 설산에서 흘러온 물줄기들이 평화로운 여정을 즐기며 멈추어 버린 시간처럼 누워있다. 동녘이라 생각했던 반대쪽에서 해가 솟아오르고 있다. 낯선 곳에선 자주 방향감각을 잃는다.

호수 오른쪽으로 목가적인 마을이 보이기 시작한다. 흐드러지게 피어있는 보랏빛 꿀풀, 노랑 미나리아재비, 피빛 같은 엉겅퀴, 들꽃들의 향연에 초대된 요정처럼 들판에 누워 버렸다. 일행들과 함께 출발할 시간이 얼마 남지 않아 걱정이 되어 그이를 탓하고 있을 때, 언제 나타났는지 그이가 옆에 누워 있다. 평소 말수가 적은 그이가 아이처럼 명랑하다. 마을 한 바퀴를 돌고 온 그이는 할 얘기가 많다. 다녀온 마을을 보여주고 싶어하는 그이를 따라 마을로 향했다. 담도 없는 마당에 장작더미가 예술품처럼 쌓여있는 아래채, 연기에 그을린 검은 굴뚝이 옛 고향마을의 정취를 떠올리게 한다. 듬직한 체리 나무들이 장미빛

체리 열매를 주저리주저리 매달고 있다. 누군가 잘 익은 체리 한 바구니를 들고 나올 것 같은 오래된 골목의 정경은 삶의 여정에 청량제로 쓰일 것이다.

율리안 알프스의 진주 보히니 자연 호수에 머물던 작은 물방울들은 생의 여정을 누리다 가야할 길을 향해 미련없이 떠나고 있다. 저 먼 다뉴브를 향해. '붉은 노을은 꽃 바다 이루고 지저귀는 새 여기가 다뉴브.' … 루마니아 작곡가 이바노부치의 다뉴브 강의 잔물결 주제가 떠오른다. 짧은 우리의 생 앞에서 무한한 생을 사르고 있는 자연 앞에 마음의 액자 하나 건다.

대문의 얼굴

서울, 왠지 차갑고 서러운 곳이라는 생각이 든다. 소녀시절에 겪은 추운 겨울 탓일까. 대한민국 수도에 살지 못한다는 소외감 때문일까.

한강의 흡인력 때문인지 서울로 사람들이 모여든다. 사람은 나면 서울로 보내라는 옛 말이 있다. 한번 올라가면 쉽게 내려오지 않는 곳이 서울이다. 몇 년 전 두 딸이 작은 아파트에 세 들어 살 때 부산에서 한 번씩 올라가면 넓은 서울 땅에 내 집

한 채 없는 박탈감에 우울한 생각이 들기도 했다. 서울 집값은 왜 이리도 비쌀까.

요즘은 이런 생각을 떨쳐내고 서울에 가고 싶어진다. 내 마음에도 양면성이 들어앉아 있는 것 같다. 결혼한 큰딸이 종로구 신영동에 집을 하나 마련했다. 서울이지만 서울 같지 않은 곳이다. 딸이 사는 집을 가기 위해 오르막을 쉬엄쉬엄 오르다 보면 언덕 위에 있는 딸 집에 이른다. 구부러진 길을 오르니 담 너머로 뻗친 가지에 붉은 감이 주렁주렁 달려있다. 감 빛깔이 너무 고와 사진으로 한 장 남겨 놓는다. 대추가 길에 떨어져 있다. 자석에 이끌리듯 대추를 줍는 나에게 딸이 한 마디 한다.

"엄마 줍지 마, 그냥 쳐다만 봐."

떨어진 대추 열매도 대추나무와 서로 소통하고 있는 듯하다. 대추열매가 올망졸망 열린 돌담 풍경은 오래된 옛길을 걷는 것처럼 아늑하다. 잎이 떨어진 담쟁이 줄기가 굵은 핏줄과 실핏줄처럼 대문에 서로 엉켜 붙은 모습이 마치 한 점의 예술품을 대하는 느낌이다.

집안이 보이지 않는 높은 만든 대문 앞을 지날 때는 그 집에 사는 사람의 마음이 닫혀 있는 것처럼 친근감이 사라진다. 소박한 목재로 정원이 훤히 들여다뵈는 낮은 키의 대문을 보면 허물

없는 친구처럼 한번 들어가고 싶은 생각이 들기도 한다. 앙증맞은 흰 대문은 마치 동화 속의 주인공이 걸어 나올 듯하다.

대문은 사람의 얼굴과 같다. 첫 인상을 얼굴에서 살피듯 그 집의 첫 느낌을 대문에서 받는다. 주물로 만든 대문은 묵직하고 나무 대문은 너그러운 인상을 준다. 집주인의 심성을 표현하고 있는 것 같은 대문들.

딸이 사는 집은 신영동 언덕에 자리 잡고 있어 북한산 능선들이 보인다. 능선의 큰 형님 같은 보현봉을 바라보고 있으면, 거대한 바위의 형상이 두 손을 모으고 기도하는 모습이다. 보현봉이 서울의 대문같다는 생각이 든다.

북한산은 서울 성안에 들어온 사람들을 성문 밖으로 내 보내지 않는 것 같다. 정중한 자세로 서서 손님을 집안으로 안내하듯 서 있는 보현봉은 서울의 높은 대문이다.

서울 딸네 집은 대문이 아주 작다. 작은 대문이지만 웅숭깊어 보이는 보현봉과 마주하고 있어 든든하다. 큰 욕심 부리지 말고 보현봉이 내 집 대문이거니 하며 살라는 당부를 하고 싶다.

상허 이태준 선생님의 수필집 '무서록'을 읽고, 선생님의 성북동 집을 가보고 싶었다.

대문이 먼저 눈에 들어온다. 오랜 세월 집을 지키고 서 있는 고택의 첫 얼굴은 빛이 바래가고 있다. 무슨 연유인지 13년 정도 살다 집을 떠난 주인을 기다리는 듯 대문은 숙연하게 서 있다.

선생의 외손녀가 수연산방이라는 찻집을 운영하고 있는 덕에 많은 사람들의 발길이 끊이질 않는다. 소박한 그 대문이 문학의 산실로 들어가는 관문처럼 느껴지는 것도 선생님의 글을 닮고 싶은 욕심 때문이다. 아쉽게도 주말이라 방문객이 많아 선생님의 집필실에서 차 한 잔 마시지 못하고 집을 나왔다.

선생님이 멀리서 집을 향해 오고 있는 것 같아 기다리듯 서 있어 보았다. 그 대문 앞에 서 있으니 소박하면서도 멋을 아셨던 그 분의 심성이 느껴진다.

혹 자리가 날까 기다리다 다음을 약속하며 고택을 나왔다. 다시 돌아본 마당에는 빨갛게 익은 감이 또 오라는 듯 눈인사를 한다.

퇴색되어가는 대문이지만 상허 선생님의 문학이 살아 있는 동안 그 대문은 빛을 잃지 않을 것이다. 수현산방의 대문은 언제나 열려 있지만 오래 기다릴 줄 아는 사람에게만 허락하는 인내의 문인지도 모른다.

히말라야시다(백향목)

안나푸르나. 오래 전부터 이 산 이름을 들으면 가슴이 두근거렸다. 그러나 풍요의 여신이라는 이름을 가진 그 산을 향해 뚜벅뚜벅 걸어갈 용기가 나지 않는다. 그 산은 나에게 아직 길을 허락하지 않기 때문이다. 웅혼한 기상과 순수 무구한 영체를 지닌 그 산을 마주할 자신이 없다고 얘기하는 것은 갈 수 없음을 애써 위로하는 핑계다. 언젠가 안나푸르나를 바라보고 오겠다는 마음을 품고 있다.

산이 있는 동네를 물색하다 엄광산 아래 대신동에 살게 된 지도 10년이 지났다. 사업장이 진구 가야에 있다 보니 구덕터널을 지나 출근하고 또 그 터널을 통과해서 집으로 돌아온다.

어느 겨울 퇴근길이었다. 터널을 지나 약간의 내리막길을 내려오다 눈 앞에 펼쳐진 풍경에 차를 멈출 뻔 했다. 마치 내가 안나푸르나 설산에 서 있는 것 같은 착시현상이다. 바로 구덕운동장 뒤편에 서 있는 몇 그루의 상록수가 안나푸르나 영봉을 바라보는 느낌으로 다가왔던 것이다. 검푸른 나무 잎들은 고요히 흰 눈을 머리에 이고 침묵하듯 서 있었다. 오래 전부터 이 나무가 자라고 있었지만 이제야 그 모습을 보게 된 것이다. 구부러진 가지는 큰 품으로 섬세한 잎을 매달고 나무 우듬지는 흰 눈을 머리에 이고 서 있다. 설송이라는 뜻을 알 것 같았다. 큰 둥지는 곧게 서 있지만 가지들은 자유분방한 조형물처럼 우람한 모체를 돋보이게 한다. 듬직한 줄기는 장성한 자녀처럼 보이기도 하고, 변함없는 친구처럼 서로를 격려하듯 서 있다.

한가한 저녁이면 운동장을 향한다. 소풍가는 아이처럼 나무를 만나러 간다. 더위의 절정 중복을 지나고 있는 저녁이다. 오랜만에 구덕운동장을 들어서니 걷기운동에 열중인 사람들의 발걸음이 활기차다. 경기에 출전하는 선수처럼 사람들의 대열에

서서 함께 걸어본다. 멀리 엄광산과 구덕산이 나와 함께 트랙을 돈다. 한참을 걷다 운동장에 왜 왔었는지 생각을 더듬었다. 운동장 뒤편에는 나무들이 수런거리듯 흔들리고 있다.

'히말리야시다'라는 이름의 나무 등걸이 꺼칠꺼칠하다. 풍상을 견뎌온 흔적 같다. 일제 강점기에 심어진 나무일 수도 있다. 어쩌면 광복을 축하하기 위해 먼 히말라야에서 우리나라에 온 나무일 수도 있다. 나무를 안아보니 족히 세 아름이 넣을 것 같이 우람하다. 먼 이국땅에 와서 이름 하나 불러주는 이 없이 얼마나 외로웠을까.

원산지인 히말라야산맥이나 레바논 산맥에는 수령이 2~3천년이나 되는 나무들이 많다고 한다.

나무에 기대어 서서 나무와 교감을 나누어 본다. 참으로 짧은 세월을 살다가는 나의 삶과 비교가 된다. 나무는 생명을 이어나가며 껍질이 거칠고 투박하게 변해간다. 하지만 잎은 청청하게 빛나고 있다. 눈이 거처한다는 이름처럼 눈을 머리에 이고 있을 때, 더욱 고결한 모습이다. 근접하기기 쉽지 않은 성스런 나무아래 서 있으면 마음이 깨끗해짐을 느낀다.

솔로몬 왕이 성전을 지을 때 사용했던 레바논의 백향목이라는 나무가 히말라야시다라는 것을 알고부터 예사롭게 보이지 않는 나무다.

다윗 왕이 솔로몬에게 성전을 짓도록 당부했을 때 솔로몬은 레바논의 백향목을 생각했을 것이다. 백가지의 향을 지니고 있을 나무 아래 서서 솔로몬의 지혜를 구해 본다면 무슨 얘기를 할까.

우람한 우듬지를 펼치고 기도하듯 서 있는 나무에게 어떻게 사는 게 지혜로운 삶일까 물어본다.

–서두르지 말고 묵묵히 살으렴–

나보다 나를 더 잘 아는 듯 은밀하게 들려주는 몸짓이다.

만일 나무에게 자유의지가 주어진다면 안나푸르나가 보이는 언덕으로 가고 싶을 것이다.

대문을 나와 몇 걸음 걸으면 나무들이 보인다. 지난봄에 열리기 시작한 달걀모양의 연두 빛 솔방울들이 보석처럼 하늘을 향해 촘촘히 빛나고 있다.

그 옛날 지혜의 왕 솔로몬이 레바논 산맥에서 뗏목을 만들어 지중해로 운반해 성전을 지었던 백향목. 지금도 레바논 산맥에 정정하게 서 있을 나무를 상상해 본다. 높이 40미터 이상 자라고 폭이 3미터 이상 자라는 백향목을 칭송한 글이나 인용한 글이 성경에 많이 나온다. 시편92편에는 의인은 레바논의 백향목 같이 성장하고, 늙어도 여전히 결실하며 진액이 풍족하고 빛이 청청하다고 칭송한다. 백양목을 보면 백발이 성성해도 지혜의 샘이 마르지 않는 유현한 노년을 그리게 된다.

구덕 운동장에 세계3대 공원수이기도 한 히말리아시다를 선정해 심은 선견에 찬사를 보낸다. 요즘 구덕운동장 개발에 대해 논의가 뜨겁다. 개발에 밀려 귀한 나무를 잃어버릴까 미리 염려가 된다. 나무를 잘 보존하는 일은 문화대국으로 가는 길이다.

고요한 저녁 검푸른 나무를 쳐다보고 있으면 안나푸르나 마차푸차레 물고기 꼬리모양의 영봉이 보이는 듯하다.

방아잎

그이가 시골 텃밭에서 꽃다발처럼 예쁘게 묶은 방아 잎을 가득 싣고 왔다. 알싸한 방아 묶음들을 내 차로 옮기며 아이마냥 기분이 들뜬다.

근처 추어탕 집과 아구찜을 맛나게 요리하는 식당에 들러 "우리 남편이 시골 텃밭에서 베어 왔어요." 하며 방아다발을 한 아름씩 건네자 그냥 받아도 되느냐며 얼굴에 미소를 띤다. 누구에게 무엇을 준다는 것은 큰 기쁨이다.

시골 텃밭에는 누가 심지도 않고 기르지도 않지만 방아 잎이 해마다 무성하다. 방아 잎의 여린 순은 손으로 자르고 더 자라면 낫으로 베기도 한다. 얼마 지나지 않아 베어진 가지에서 새순이 돋아나는 모습을 보며 자연의 혜택을 누리고 사는 일이 더 없이 행복하다.

경상도 지방에서는 방아라고 부르지만 어떤 지방에서는 배초향, 수고화, 곽향, 깨나물이라 부르며 향신료로 다양하게 쓰인다. 해마다 밭 귀퉁이에 후덕하게 피어난 방아를 베어내 인심을 쓰고 다녀보니 이보다 신나는 일이 없다. 맛깔 나는 추어탕집 여사장의 부지런한 손도 보고, 입을 쩍 벌리고 있는 아귀를 장만하고 있는 아구찜집에도 한 아름 전하고 나니 부자가 된 기분이다.

몇 년 전, 며느리가 시집와 처음 맞이하는 추석 전 날, 방아를 넣은 부추전을 준비했다. 부추를 숭숭 썰고, 얼려둔 홍합을 다지고, 양파와 감자를 갈고, 매운 고추는 잘게 다져서 밀가루 한 봉 풀어 방아잎을 넣으면 부추전이 완성된다. 식구들이 부추전을 맛있게 먹을 때 서울에서 태어나고 자란 며느리 숙이는 입에 대지도 않았다. 먹어보라고 권하다 중국 여행 중 식당에서 큰 생선 위에 고명처럼 올려 주던 강한 향이 생각나 더 권하지를 못했다. 내가 시집온 첫 추석, 방아를 넣은 부추전을 먹었는지 기억은 없지만, 이제는 식구들이 좋아하는 부추전은 명절에 빠질 수 없는 메뉴가 되었다.

시집 간 첫 추석날 시아버님은 우리 집안은 자랑할 것은 없지만 문열공 이조년 선생의 후손이라는 말씀을 하시며 마음을 편하게 해 주셨다.

대단한 문장가였던 이조년 선생의 시조 다정가多情歌 '이화에 월백하고 은한이 삼경인제 일지춘심을 자규야 알랴마는 다정도 병인양하야 잠 못 들어 하노라' 를 가만히 읊조리다 보면 지병으로 세상을 떠난 시아버님이 생각나곤 한다. 6.25 전쟁 중 다리에 부상을 입으시고 평생을 가난하게 사시다 가신 분이지만 얼굴엔 웃음이 떠나지 않았던 멋진 분이셨다. 아버님은 알싸하고 달콤한 방아 잎 같은 향이 나는 분이셨다. 며느리를 친딸 대하듯 귀히 여겨주셨다. 어려웠던 시절 시댁에 가면 바들통 하나를 들고 배가 들어오는 포구에 나가 싱싱한 생선을 사오시곤 했다. 생선회를 손수 장만해 주시며 많이 먹으라고 권하시던 아버님은 방아 잎의 오묘한 향처럼 다정다감한 분이셨다.

배꽃이 필 때쯤이면 텃밭에 연둣빛을 띄며 꽃처럼 피어나던 방아 잎은 어린 들깻잎과 비슷하게 생겼다. 가을에는 지중해

연안에 무성히 피는 로즈마리 꽃처럼 보랏빛 꽃을 피운다. 시아버님의 따뜻한 마음 같은 방아 향. 내가 태어난 고향에서는 키우지도 않고 먹지도 않았지만 이제는 내 입맛에 스며들어 깊은 향이 되었다.

숙이가 로즈마리 화분 하나를 나에게 선물하고 미국으로 떠났다. 화분에 키우다 정원에 심었더니 잘 자라 지난 가을에는 보랏빛 꽃도 피웠다. 로즈마리 잎 몇 개를 따서 따뜻한 물을 붓고 차 한 잔을 만들었다. 거실에서 바라본 코발트빛 하늘 끝자락은 숙이와 아들이 사는 LA 말리브 해변의 물빛이다.

말수가 적어 답답하게 느껴질 때도 있지만 가끔씩 보내는 손편지가 내 마음을 훈훈하게 해주곤 한다. 로즈마리의 산뜻하고 청량한 향기는 숙이를 닮았다. 가끔 문자로 새아기에게 칭찬을 해준다.

"숙이가 보낸 편지를 읽어보니 숙이는 귀한 달란트를 가지고 있는 것 같애. 필체도 예쁘고 문장력이 뛰어나더라. 주님이 주신 재능인 것 같아."

"어머니, 고맙습니다."

교회에서 목회자를 내조하며 살아야하는 며느리의 삶은 만만치 않은 삶이다. 있는 듯 없는 듯 들러리와 같은 삶. 조금 나서면 흰옷에 묻은 얼룩처럼 눈에 금방 드러나고 만다. 하지만 염려하지 않으련다. 늘 감사하는 마음으로 살아간다면 무슨 염려가 있겠는가. 먼 곳에 살다보니 따뜻한 말과 속 깊은 얘기를 할 수 없지만 숙이의 편지를 읽으며 새로운 다짐을 하게 된다. 며느리는 보이지 않지만 내 마음을 읽을 것이 아닌가.

숙이가 시집 온 첫 해, 살림을 맡기고 그이와 발칸반도 여행을 다녀왔다. 청옥 빛 아드리아 해안의 정경이 하늘 끝자락에 다시 걸리곤 한다. 우리나라 쑥처럼 들판에 지천으로 피어나던 로즈마리 무더기를 손으로 쓰윽 만져주면 감미로운 향이 주위에 퍼지며 마음을 설레게 했다.

먼 이국땅에서 아쉬운 것은 얼마나 많을지. 며느리 생각이 떠나지 않는 하루다. 결혼 후 2년 동안 임신이 되지 않아 은근히 애를 태웠었다. 다행히 미국에 가서 바로 임신이 되어 가족을 기쁘게 해 주었다. 태중에 품고 있는 아기를 순산하기를 기다리는 하루가 길었다. 산 설고 물 설은 그 곳에서 미국 국적을 가지고 태어날 아기가 어떤 정체성을 가지고 살아갈까. 손녀가 방아 잎 부침도 먹게 되고, 쑥떡도 좋아하고, 로즈마리 향도 물씬 풍기며 자라기를 바래보는 날이다.

모란꽃 피는 4월

오늘은 부활 주일이다. 교회 성가 대원들과 함께 그리스도의 고난과 부활을 칸타타로 엮은 성가를 합창했다. 30분 넘게 무대에서 찬양을 드리는 일은 많은 에너지가 필요한 일이다. 알토 파트라 피로감이 덜하다 싶었는데 집으로 돌아오니 침을 넘기기가 쉽지 않다. 많은 에너지를 쓴 탓이다. 하지만 슬픔과 고난을 넘어 영혼의 부활을 나에게 선물한 그분께 드리는 찬양은 내가 드릴 수 있는 최상의 기도다.

마당에 피어난 자줏빛 모란꽃이 눈이 부시다. '모란꽃 피는 유월이 오면 또 한 송이의 꽃 나의모란' 을 불러본다. 목이 잠기고 소리가 나오지 않는다. 왜 이럴 때 노래를 부르고 싶은 강한 욕구가 생기는 걸까.

이틀 전에 꽃망울을 본 것 같은데 높아진 기온 탓인지, 겉옷을 벗듯 꽃잎을 펼치고 모란꽃이 만개했다. 비단결 같은 자색 꽃잎 속에는 황금빛 꽃술이 오목하게 담겨 위엄과 품위를 자아낸다. 부귀화라고 부르기도 하는 꽃 중의 왕, 모란의 자태는 장엄하면서 호화롭다. 어린아이의 얼굴만큼 큰 꽃송이를 바라보니 미국에 사는 손녀의 모습이 꽃 속에 아른거린다.

모란꽃에는 향기가 없다고 오해하기도 한다. 선덕여왕이 당나라 황제에게 선물로 받은 그림 속 모란꽃에 벌 나비가 그려져 있지 않음을 보고 한 말이 유래가 되었다고 한다. 그러나 모란의 향은 은은하다. 꿀이 많아 벌, 나비가 날아온다. 아쉽게도 올해는 마당에 벌과 나비가 거의 보이지 않아 안타깝다.

화려하고 귀품이 있는 모란꽃 앞에 앉아 행복, 감사, 평화 이런 단어를 떠 올리며, 올해도 모란꽃을 볼 수 있게 해주신 하나님께 감사의 기도를 드린다. 해가 기울기 시작하자 찬란하던 모란꽃이 어두운 빛으로 변하며 꽃잎도 생기를 잃기 시작한다.

오래전 이스라엘 성지순례 중 기념품으로 사온 '가시왕관' 이라는 이름의 액자를 자세히 살펴보았다. 휘어지는 재질의 가시나무를 몇 겹으로 둥글게 만들어 네모난 액자에 고정시켜 놓은 작품이다. 그 끝에는 손가락 마디만한 가시들이 날카롭게 튀어나와 있다. 척박한 광야에서 자란 나무는 가시도 길고 강하다. 손가락 끝을 대어보니 힘을 조금만 주면 살을 뚫고 들어갈 것 같다.

예수님이 예루살렘 올드시티의 십자가의 길을 걸으며 골고다 언덕을 오르던 그 시간을 생각해본다. '골고다'란 죽음의 언덕이라는 뜻이다. 그 언덕을 오르는 길에는 의미를 부여하는 열 네 곳이 있다. 그 중 두 번째가 유대인의 왕이라 조롱하며 사람들이 가시관을 씌운 곳이라고 한다. 예수님의 이마에 붉은 피를 흘러내리게 만든 가시관. 그래서일까. 어린 시절부터 사월이면 우울하고 슬펐다. 오랜 세월이 지난 지금 어쩌면 예수님은 가시에 찔린 피로 말미암아 그 고통이 조금 해소되지 않았을까 하는 위안을 갖게 되었다. 가끔 머리가 아플 때 사혈 침으로 통증 부위를 살짝 찔러 피가 나오고 나면 머리가 개운해지며 통증이 사라지는 것을 느끼고 난 뒤 부터다. 이건 나의 엉터리 해석인지 모른다. 그렇게나마 위안을 받고 싶은 아이같은 마음이다.

그리스도의 생애 마지막을 그린 영화 '패션 오브 크라이스트' 를 보며 마음 깊이 느꼈던 그리스도의 고난이 떠오른다. 어린 시절부터 교회에 다니며 신앙생활을 했지만 늘 의문이 들었다. 왜 그리스도는 그 고난의 길을 걸어가야 했을까? 그 곳에서 태어나신 분이 정말 맞을까? 많은 의문들을 나름 해결하고 온 일이 성지 순례에서 얻은 보람이다. 나에게 슬픔을 주기 위한 길이 아니라 영원한 부활을 선물로 주기 위한 길이라는 걸 깨닫게 해준 순례의 길이었다.

그러나 마음은 변하기 쉬운 색깔이다. 무너지기 쉬운 게 사람의 마음이다. 예수님의 선혈 같은 모란꽃 피는 사월에 슬픈 그 길을 다시 걷는다.

바울 사도는 '부활이 없다면 세상에서 제일 불쌍한 사람이 그리스도인이다.'라고 했다. 부활이 없는 기독교는 마치 빛을 잃은 꽃이나 다름없다. 기독교는 값없이 믿기만 하면 구원을 얻는 은혜의 종교다. 모란을 바라보며 아름답다고 느끼는 일처럼 쉬운 일이 믿음이다.

모란꽃을 보면 부활을 믿게 된다. 모란은 내년에도 또 그 내년에도 피어나 부활의 소식을 전해 줄 것을 믿는다.

코트 한 벌

코트 한 벌을 구입한 적이 있다. 실크 천에 진흙 염색을 한 누비 코트다. 고전과 현대 감각을 아우르는 코트는 편안한 친구처럼 싫증이 나지 않아 즐겨 입었던 옷이다. 그뿐이 아니다. 통통한 몸매를 감싸주며 우아한 느낌도 주었다. 검은색이다 보니 스카프 색상만 바꾸어 주면 어느 곳에 입고 나가도 손색이 없는 옷이었다. 나름 정들었던 옷이 어느 날부터 여인의 은밀한 속살이 보이듯 누비 천 사이로 흰 솜이 보이기 시작했다. 소매 끝도 닳아서 낡은 티를 내며 초라한 행색을 보이기 시작했다. 수선집에 가서 의논을 했다. 아끼는 옷이라는 말과 함께 수선비는 잘 드릴 것이라는 당부도 아끼지 않았다.

며칠 후 옷을 찾으러 갔다. 수선한 옷은 낡았던 흔적은 온데간데없고 헤진 곳은 천을 덧대어 누벼져 있었다. 희끗거리던 소매 끝도 말쑥하게 정리되어 마치 새 옷을 선물로 받은 기분이다. 수선비 또한 생각보다 저렴했다.

"좋은 옷 같아 손이 많이 갔어요. 잘 입으셔요."

"참! 솜씨가 좋으시네요. 어쩜 이렇게 야무지게 수선을 하셨을까."

내가 할 수 없는 일을 척척 해내는 사람을 보면 참 대단하다는 생각이 든다.

결혼 전 부모님은 나를 앉혀 놓고 동정 다는 법을 가르쳐 주셨다. 생각해 보니 지금까지 저고리에 동정을 달아본 적이 한 번도 없다. 나에게 별로 필요하지 않은 일이 바느질인 것 같았다. 하지만 어떤 사람에게는 평생의 직업이 되어 그의 삶을 지탱해 주는 밑천이 되기도 하고 예술로 승화시키는 이들도 있지 않은가.

코트는 나비모양으로 누벼 수선되어 있었다. 양쪽 소매에 나비가 한 마리씩 날고 있다. 코트 안에 숨어 있던 나비들이 세상구경을 하고 싶어 날개를 펴고 나왔는지도 모를 일이다. 이 옷은 많은 목화송이와 나비들이 함께 만들어 준 옷이다. 그뿐이랴. 누에들이 뽕잎을 먹으며 잠을 자고, 집으로 만든 고치에서 실을 뽑아 옷을 만들었으니, 자연이 만든 최고의 명품이 따로 없다.

잠자던 누에들의 평화와 고요가 깃든 옷이다. 생명체들의 수런거림이 들려오는 것 같다. 꽃과 벌나비들이 날아다니며 뽕나무의 푸른 잎들이 흔들리고 있는 옷이다. 어린 시절 잠을 깨우던 소나기 내리던 소리처럼, 누에들이 뽕잎을 먹을 때 들려오던 그 왁자한 소리가 들려오는 듯하다. 사위어 가는 옷의 빛깔이 잘 익은 오디 색과 흡사하다. 함부로 대할 수 없는 생명이다.

일 년에 일억 팔천만 벌의 옷이 만들어지고 그 많은 옷들이 매년 30퍼센트 정도가 소각되거나 땅에 매립된다고 한다. 일회성으로 만들어 빨리 사라지는 옷이 춤추듯 덜렁거리는 세상이다.

지구온난화로 인해 사하라 사막에 눈이 왔다는 얘기와 시베리아 한파가 우리나라를 습격했다는 뉴스는 예사롭지 않다.

새 코트를 구입하고 싶은 욕구를 잠재우게 한 오래된 코트를 입고 보내는 세월이 포근하다.

어머님의 유산

어머님이 계실 때 씨뿌리는 농사법이라도 배워두어야겠다는 생각으로 병원에 요양 중인 어머님을 모시고 시골 텃밭으로 차를 몰았다. 환자복을 입은 어머님은 소풍 나온 아이 마냥 즐거워하신다.

"어머니 콩 간격을 얼마나 띄울까요?"

"뭐라카노? 안 들린다."

어머님은 밭고랑에 앉아서 두 뼘 정도 간격으로 콩 두알

씩을 정성스레 심고 나는 서서 두알 씩 밭고랑에 뿌린다. 내 생애 처음으로 콩을 심는 날이다.

콩이 잘 자라길 바라며 조심조심 정성을 다한다. 밭고랑을 타던 그이는 콩을 심지 않는 고랑을 '놀골'이라 부르며 사람이 다니는 길이 되기도 한다고 했다. 콩대와 콩대 사이의 간격을 미리 짐작하면서 골을 탄다.

'이번 콩 농사가 마지막이다. 미련을 버려야지. 우리가 시골에 와서 살면 모를까, 형제 중 아무도 들어 올 사람이 없으니 할 수 없는 일이다. 밭을 잘 가꿀 사람에게 줘야겠다.' 그이가 혼자 말처럼 하는 소리다.

더 이상 씨를 뿌릴 수 없을 것이란 말이 서글프게 목에 걸린다. 도시에 살면서 거들떠보지 않던 땅이다. '우리 땅' 이라는 말이 점점 사라지고 있다. 땅은 고향이다. 땅을 떠나는 것은 고향과의 이별처럼 서글픈 일이기도 하다.

부모님 세대는 그래도 땅이라도 지키고 살았다. 그런데 우리 세대는 무엇 하나 지키며 사는 것이 없는 것 같다.

콩을 심고 난 뒤 흙을 살짝 덮어두고 바라보니 참새 떼가 밭고랑에 앉아 무언가를 쪼아 먹는다. 참새들이 콩씨를 다 파먹지는 않을까.

"참새들 먹을 것도 땅에 묻어 두는 기다. 그래서 두 알씩 심는 기다."

어머님 말씀에는 자연 사랑이라는 경구가 들어 있다. 사람은 심고 새들은 콩씨를 파먹고 땅이 콩을 키워 놓으면 새들이 와서 까먹는다. 사람은 뺏기지 않으려고 새를 쫓는다. 뺏고 뺏기는 순환의 고리가 콩밭에 있다.

콩씨를 뿌려두고 부산 집에 왔는데 그 콩씨의 안부가 궁금하다. 씨를 뿌린다는 일은 이처럼 마음 설레는 일이다. 며칠 후 비가 오는데 얼마나 반가운지. 얼마 후 밭에 가보니 콩이 파르스름한 눈을 뜨고 있다. 이 맛에 농사를 짓는가 보다. 농부의 삶이 새삼 부럽기도 하다. 작은 나무처럼 자라고 또 얼마 후 올망졸망 열매를 맺는 콩을 보며 자연의 섭리에 감탄한다.

추석에 가니 노르스름하게 콩 꼬투리가 익어가고 있다. 때를 놓치지 않고 콩을 거두어 들여야 한다. 작은 텃밭하나 관리하기도 어려운 도시생활이다. 토종 콩을 살 수는 있다. 하지만 내손으로 심은 콩을 수확한다는 일은 어떤 일보다 보람있는 일이다.

"상범아, 밭에 콩이 다 익었다. 그대로 두면 콩이 다 튄다!"

구순이 넘은 큰 아버님이 애가 쓰여 그이에게 전화를 걸어왔다. 텃밭 옆에 사시는 옆집 덕암 아지매도 새들이 콩을 다

따먹는다며 애를 태우며 전화를 하신다.

콩을 뽑아 마당에 모아놓고 콩 꼬투리를 세어 보았다. 콩나무 하나에 많게는 150알 정도 열렸다. 물론 결실이 좋지 않은 나무는 50알 정도 열린 나무도 있다. 30배, 60배, 100배의 결실을 주는 콩이다. 물을 준 적도 없고 거름을 준 일도 없건만 풍성한 열매를 안겨 주는 고마운 자연이다.

콩꼬투리를 가만히 보니 사람 귀와 닮았다. 콩은 사람들의 이야기를 들으며 익었나 보다. 바람소리, 비오는 소리, 별이 쏟아지는 소리도 들었을 것이다. 윗대 할머니부터 내려온 콩은 많은 사연을 듣고 있었을 것이다. 서러운 얘기, 사랑스런 얘기를 들으며 어떤 씨앗보다 여물게 익어가고 있었을 콩. 그 속에서 살랑거리는 바람소리와 새들의 지저귐이 들려오는 듯하다. 콩을 땅에 떨어뜨려 보면 '콩' 하며 떨어지는 게 귀가 밝은 것 같다. 다 말린 씨를 만져 보면 "또르륵" 구슬 구르는 소리가 난다.

농사에 서툰 내가 심은 콩을 땅은 아무 불만없이 열매를 내주었다. 풍성한 수확을 선물하는 땅은 사람을 차별하지 않는다. 콩 껍질 안에는 콩알이 세 개가 들어 있는 것, 두 개, 한 개, 빈 껍질만 달려 있는 것도 있다. 두 알 든 것이나, 한 알 든 꼬투리 안에는 결실하지 못한 작은 씨의 결정체가 붙어 있다. 여물지 못하고 무늬만 붙어 있는 빈 열매, 옆에 콩이 여물어 갈 때 살을 채우지 못한 빈 콩은 얼마나 힘들었을까.

도시는 바람을 잔뜩 분 풍선처럼 부풀어지고, 시골은 바람 빠진 풍선처럼 쭈글어들고 있다. 어떻게 하면 조화를 이루며 도시와 농촌이 더불어 살 수 있을까. 우리 삶이 자연으로부터 점점 멀어지고 있는 현실이 안타깝다. 다행히 젊은이들이 귀농을 하고 있다는 기사를 읽을 때, 새로운 희망을 보는 듯하다.

수확한 콩은 어머님의 마지막 유산일 수도 있다. 콩으로 간장을 담그고 된장을 담그고 나면 그것으로 콩의 생애가 끝이 난다는 생각이 든다. 내 생애 씨앗 하나 심어 그 씨앗을 남겨두고 가는 일은 이 땅을 살고 가는 보답이 아닐까. 밭을 경작하는 누군가에게 콩씨를 선물한다면 그 콩은 대를 이어가지 않을까.

콩을 잘 가꿀 농사꾼을 만나고 싶다. 콩의 대 이음이 이루어질 수 있기를 바라는 마음이다.

개구리 울음소리

청개구리 눈빛 같은 별들이 때죽꽃처럼 매달려 있는 저녁이다. 적막한 시골마을이 개구리들의 울음소리에 들썩이고 있다. 거름더미에 쓰레기를 정리한 그이가 가자는 신호를 보낸다. 아랫방에 잠든 어머니께 마음으로 인사를 하고 집을 나선다.

모내기 철인 농번기에 동네 사람들이 곤히 자고 있는 밤중이라 조심스럽게 마을을 빠져 나왔다. 개골개골~~ 골개골개~~ 목이 아프게 울어대는 개구리 소리는 점점 멀어지고 있다.

묵묵히 운전하는 남편에게 "개구리는 왜 저리 울꼬?"어린아이처럼 묻는 나에게"왜 우는지 나는 모른다."괜히 가슴이 먹먹해지며 아무 말이 나오지 않는다. 내 속에 내재하고 있는 청개구리의 본성을 느끼게 하는 저 울음소리를 듣게 하는 이는 누굴까. 목이 아프지도 않을까. 짝을 찾기 위해 본능적으로 울어 대는 소리일까. 나름대로 상상해 보지만 부질없는 생각들이다.

젊었을 적에 남편은 에너지가 넘쳐났다. 힘들어도 바늘과 실처럼 그이와 함께 시골을 찾곤 했다. 하지만 요즘은 내가 꾀를 부리곤 한다. 평일에는 출근한다는 명목으로, 토요일은 밀린 집안일을 해야 하고, 주일은 교회에 다녀와서 쉬고 싶다는 핑계를 댄다. 실은 오늘도 집에서 쉬고 싶지만 그이에게 미안하기도 하고 산 밑 묵정밭에 돌복숭아 딸 때가 되었다는 말에 귀가 솔깃해 따라 나섰다.

윗대부터 내려오던 야산 아래 밭에는 산 도화나무 한 그루가 있다. 어머니 젊었을 때 그 밭에서 나는 작물을 수확해 시동생, 시누이 공부할 때 용돈을 보태주던 한 몫 하던 밭이었다. 부산에서 신접살림을 할 때 쉬는 날이면 시골에 와서 어머님을 도와 밭을 매곤 했다.

"나래 아범아, 오늘 저 돌복숭나무를 베자. 먹지도 못하는 나무가 키만 커가꼬, 그늘만 지니 고구마 한 고랑이라도 더 심자."

그 소리에 나는 깜짝 놀랐다.

"안 돼요. 어머니 복사꽃이 얼마나 예쁜데요."

"뭐라카노? 복숭나무는 밭가에 안 키우는 기다. 귀신이 따라 다닌다 카더라."

"어머이! 그건 순 미신입니더. 그런 말 듣지 마이소."

그이가 내말에 동의하자 강직한 성품의 어머니지만 별 말씀 없이 지나갔다.

신혼 초 복사꽃이 필 즈음이면 그 밭에 갈 때마다 마음이 설레곤 했다. 참새 주둥이처럼 내밀고 있는 복사꽃을 바라보며 부르는 망향 '그대가 있기에 봄도 있고 아득한 고향도 정들 것일레라.' 얻을 수 없는 그 무엇을 성취한 것처럼 마음이 뜨거워지던 때가 꿈결처럼 아득하다. 젊을 때는 돌복숭아의 쓰임새를 몰라 그냥 버려뒀었다. 그 후로 봄마다 시기를 놓쳐 돌복숭아를 수확하는 때보다 바람에 떨구어버린 해가 더 많았다. 돌복숭아는 바람이 키우고 하릴없이 바람에 떨어지며 한 세월을 보내고 있다. 그이가 좋아하는 노래 연분홍 치마를 바람에 휘날리며.

어머님을 도와 밭일을 거들던 때 밭고랑은 길기만 했다. 그때가 어머님의 전성기였다. 여러 해가 지나 어머님이 산 밑에 있는 밭을 오르지 못해 그 밭이 묵정밭이 되어가듯, 어머니의 기억이나 기력도 묵정밭처럼 변해가고 있다.

"와 이제 오노?"하며 쩌렁쩌렁한 목소리가 귀에 들려 오는 듯하다. 그 소리가 나를 힘들게 했다. 어서 온나!' 하시지 않고 '와 이제 오노' 하는 소리에 그이에게 푸념을 한 적이 있다.

"당신 반어법을 모르나, 얼마나 당신을 기다렸으면 그리 말 하시겠노!"

그이가 묵정밭에서 푸른 돌복숭아를 자루에 따 들고 내려온다. 자루를 마당에 내려놓은 그이는 텃밭에서 머위줄기와 방아잎을 베고 나는 그 채소들을 한 아름씩 안아 옮기면 어머니는 꽃다발처럼 묶으신다. 오랜 세월 숙련된 달인의 솜씨다. 어머니의 거친 손등 위로 삶의 흔적들이 모여 있다. 수많은 푸성귀와 곡식들이 어머니의 손을 거쳐 갔으리라.

저녁 반찬거리가 신통찮아 돼지고기를 조금 넣고 호박잎 된장찌개를 준비했다. 그이는 뒤뜰에 무성히 자란 풀을 뽑고 있다. 진작부터 배고프다 하더니 일에 빠지면 끝을 보아야 손을 놓는다. 세 식구가 늦은 저녁을 먹으니 꿀맛이다. 어머니는 된장찌개가 맛있다며 칭찬을 하신다. 저녁을 먹고 마루에 누워 허리를 펴고 있는데 부엌에서 냉장고 정리를 하던 그이가 "나래 엄마" 하고 부른다. 좀 쉬고 싶다고 억지를 부리고 누워 있으니 잠시 와서 먹을 수 있는 것인지 확인만 해 달란다. 냉장고에서 나온 플라스틱 통들을 보니 하나같이 버려야 할 것들이다. 작년 가을 고추 잎을 삭혀 담은 김치, 양파짠지, 마늘종, 장아찌, 묵은지 등 많은 반찬들이 묵은 세월의 쿰쿰한 냄새를 풍기며 나를 바라본다.'며늘아, 큰 며늘아, 네가 얼마나 무심한지 짠지들이 곰팡이 꽃을 피웠다',.어머니의 독백같은 묵은 짠지들이 내 마음을 무겁게 누르는 듯하다.

"어머니 냉장고는 들어가면 나올 줄을 모르는 블랙홀이다." 하며 정리를 하는 그이를 도우며 내가 어머니 연세에 이렇게 반찬을 해 놓을 수 있을까. 대단한 분이라는 생각이 든다. 혹시 이번 주에는 누가 올까. 첫째, 둘째, 셋째, 손을 꼽으며 장만하셨을 반찬들. 허리가 아프니 냉동실에 집어넣는 일은 하지만 꺼내는 일은 더 힘들기 때문이다.

냉동실에 넣어둔 배추우거지는 부풀어 올라 냉동실 문이 제대로 닫히지 않아 물이 새어 나온다. 그이는 묵묵히 냉장실에서 꺼낸 반찬들을 정리한다. 그의 등에 땀이 흥건하다. 그이는 그 시간 많은 생각들을 했을 것이다. 어머님이 얼마 전에 팔 골절상을 두 번이나 입어 병원에 입원하셨던 터라 냉동실을 살

피지 못한 탓이다.

밤은 깊어가고 일은 끝이 보이지 않는다. 싱크대에 서서 냉장고에서 나온 빈 통을 씻는데, 바깥에서 들리는 개구리 울음소리에 내 목젖이 흔들린다. 저 울음소리는 무슨 일이 있어도 모내기는 해야 한다는 지상 명령처럼 들린다.

밭은 묵정밭이 되고 있지만 논을 붙일 사람은 있다. 수확한 양의 일부를 주며 논을 경작하니 그나마 다행이다. 모내기 철은 씨도 뿌려야하고 고구마 순도 따서 땅에 심어야 하는 바쁜 시기다. 개구리들의 노래는 고달픈 농부들을 위로하는 소야곡처럼 들린다.

전래동화에서 들었던 청개구리의 참회의 울음이 아니라, 내 귓전에 쉼 없이 울려오는 소리는 묵정논으로 만들지 말라는 당부처럼 들리기도 한다. 무논이 사라질 때 개구리들의 터전도 사라질 것을 염려하는 울음인지도 모른다.

농사지을 사람이 없어 묵정밭만 늘어나는 현실을 받아 들여야 하는 마음이 무겁기만 하다. 어려웠던 시대 춘궁기를 잊지 말라는 당부처럼 들리는 울음소리는 사라지듯 멀어져 간다.

집으로 돌아와도 개구리 울음소리는 내 귀에서 떠나지를 않는다.

흔적

신혼 초, 새 집 거실에 그림 한 점을 걸어두고 싶었다. 화가에게 그림을 주문했다. 완성된 그림 속에는 아늑하고 평화로운 언덕이 펼쳐져 있고, 아담한 교회당 옆에는 종탑이 세워져 있다. 저물녘 종소리가 은은히 울려 퍼지면, 스산한 마음도 맑은 종소리와 함께 사라질 것 같은 분위기를 밝은 색조로 잘 표현하고 있다. 산 뒤에는 푸른 바다가 하늘과 맞닿아 있어, 가슴 후련한 풍경이다. 마을 앞 신작로는 가을 햇볕처럼 따스하게 빛나며, 시내가 흘러가듯 여유롭다.

그림 속에는 젊은 날의 땀과 행복, 병고의 슬픔이 극명하게 점철되어 있다. 지치고 울고 싶을 때 그 그림을 바라보면 알 수 없는 평화와, 위로의 힘이 나를 다독여 주기도 하고, 겉웃음이라도 웃을 수 있는 에너지를 공급받기도 했다. 늘 분주한 삶 속에서 안정감을 잃어갈 때, 마음의 풍랑을 잠재우며 안식을 누리게 하는 묘약 같은 힘이 느껴지기도 했다.

아이들이 자라 먼 곳으로 학업을 위해 떠나간 집은 퇴색되어가는 거실의 마룻바닥처럼 허무감이 밀려왔다. 지나 온 삶은 무엇인가를 이루고자 하는, 물질적인 욕구에 집착한 메마르고 퍽퍽한 광야 같은 삶이었는지도 모른다. 그러나 광야에서도 어렵사리 꽃을 피우는 식물이 있듯 아이들이 잘 자라 주었고, 땅 밑에 물이 흐르듯 건강이 치유되는 기적 같은 삶도 돌아왔다. 그 집에서 사는 동안 병고의 기억과 그 흔적들을 잊고 싶어 딴 곳으로 이사를 가고 싶었다.

몇 년 전 지금 살고 있는 주택으로 이사를 했다. 친구 오빠 칠순개인전에서 '배'를 주제로 그린 그림 한 점을 구입해 거실 벽에 걸어 두고 있다. 젊은 시절 바라보던 그림에 꿈과 소망이 담겨 있다면, 이 그림의 주제는 흔적이다. 물이 빠져나간 포구에 낡은 나룻배 한 척이 세월의 무게에 눌려 어둡고 무거운 느낌이다. 나룻배 본래의 기능을 잃고, 비바람에 풍화되고, 햇볕에 산화되어가는 나룻배는 남루한 옷을 걸치고 있는 노구의 모습이다. 언젠가 이런 모습으로 이 땅을 떠날 내 본연의 모습을 미리 대하고 있는 것 같아 서글퍼지기도 하고 어떤 때는 숙연해지기도 한다. 큰 꿈을 안고 출항하는 배도 아니고 만선의 풍요를 안고 입항하는 배도 아니다. 사라짐의 세계로 침잠해 들어가는 이 그림이 우리 집에 오기까지 남아 있는 삶을 단순하게 여유를 누려 보고자 하는 또 하나의 욕심이 함께 따라 왔는지도 모른다. 이처럼 내려놓는 삶이 쉽지 않다. 눈을 감는 순간까지 집착의 끈을 놓을 수 없다는 말에 수긍이 간다.

어둡고 침울한 그림을 바라보면, 아름답고 화려한 모든 것들이 이런 흔적을 남기며 사라질 것이라는 경고 표지판 같아 새로운 물건을 사지 않겠다는 생각이 들 때도 있다. 하지만 그 그림은 잘 정돈된 서가를 바라보듯, 내 내면의 세계를 정리해보는 묵상의 시간이 되기도 한다.

무의식적으로 꼭 쥐고 있던, 주먹을 살짝 펴는 연습을 하기도 하고, 머리를 도리질하며 복잡한 생각들을 버리는 연습도 하게 한다. 세상 모든 물질은 이렇게 흔적을 남기고 그 흔적마

저도 어느 순간 바람처럼 사라져 간다는 자연의 이치를 깨닫게 해 준다. 집착하고 있던 물질관이나 굴레에 묶인 정신의 세계에서 한 척의 배는 지금 영원한 안식의 세계로 사라져 가고 있다.

검둥이 스머프

터키 카파도키아 파샤바 골짜기를 스머프의 고향이라고 말한다. 우리 아이들 초등학교 적, 만화영화로 신나게 보던 귀염이 캐릭터. 벨기에 작가 '피에르 컬리포드' 에 의해 창작된 만화가 '스머프'다. 재미있는 그림과 무한한 상상력은 이곳 파샤바 골짜기에서 영감을 얻은 듯하다. 스머프가 살던 집들이 버섯 바위와 흡사하다. 입구에 기념품을 파는 작은 매장이 있다. 물건 흥정을 해 보니 가격이 생각보다 비싼 것 같아 그냥 돌아서도 사람 좋은 웃음을 흘린다. 괜히 미안해 다시 돌아와 물건을 고르게 하는 곳이다.

그이와 함께 기묘한 버섯 모양의 바위들을 신기해하며 모래 언덕을 걷고 있는데 두 사람 그림자 앞으로 검은 그림자 하나가 따른다.

"아이구 검둥아 니 어디서부터 따라 왔노?"

검둥이 얼굴이 스머프 모자를 닮은 듯해서 스머프라고 불러 주었다. 내 목소리가 친근하게 들렸는지 졸랑거리며 따라온다.

어린 시절 내 첫 기억의 검둥이는 우리 집 마루 밑이 집이었다. 밤에 대나무 그림자와 대나무 흔들리는 소리가 무서워 안채에서 제법 떨어진 뒷간을 갈 때도 따라와 나를 지켜 주듯 앉아 있었다. 어디를 가든 나를 따라 다니며 수호신처럼 지켜 주던 검둥이, 어느 여름날 축 쳐져 누워 있던 검둥이를 보고 이웃집 어른이

"형님! 몸도 허약하신데 검둥이 푹 삶아 몸보신 하시지요!" 하는 소리에

"에끼, 이 사람아. 우리 검둥이 듣는데 못하는 소리가 없네."

그 소리를 들은 저녁일까. 다음날 새벽이었을까. 10년도 넘게 한 솥 밥을 먹고 살았던 검둥이가 흔적도 없이 사라져간 일

이 파사바 골짜기에서 만난 검둥이를 보며 떠올랐다.

내 옆에는 늘 개가 함께 산다. 어린 시절 고향집에는 검둥이, 누렁이, 결혼 후에는 청실이, 바람이, 순돌이와 함께 했고 지금은 털이 하얗고 무게가 14키로 정도 되는 '마음이'와 함께 살고 있다.

개들은 모른 척 하고 사는 것 같지만 주인의 일거수일투족을 주시하며 살아가는 그림자와 같은 존재다. 어쩌면 신이 사람에게 보낸 사자使者일지도 모른다는 엉뚱한 생각이 들기도 한다. 그런 탓인지 밖에서 따로 사는 동물이지만 말을 조심하며 살게 된다.

여행에서 돌아와 사진을 살펴보니 검둥이 스머프가 응회암 버섯 바위를 배경으로 편안한 모습으로 앉아 있다. 함께 다닐 때는 몰랐는데 사진을 자세히 보니 온통 검은 털이고 얼굴도 새까맣다. 그런데 가슴 쪽에 하얀 털로 별이 새겨져 있다. 눈, 코, 입도 보이지 않고 온 몸이 검게 보이는 검둥이의 가슴에는 흰 별 하나가 선명하다. 어느 검은 별에서 보낸 사자일까. 네 발도 흰 물감으로 색을 칠해 놓은 듯, 흰 운동화를 신은 귀여운 스머프다.

햇살이 좋은 하루다. 검둥이는 오늘도 관광객을 따라 다니며 안내견 역할을 하고 있을지도 모르겠다. 인적이 없는 날은 혼자서 햇볕이 비추는 굴 입구에 앉아 관광객을 기다리고 있을 것이다.

어쩌면 내 옆에 견공이 떠나지 않는 것은 내 이름 때문인지도 모른다. 복이라는 이름이 엎드릴 복伏자인데 사람 인人 변에 개 견犬자가 붙어있는 것은 내 옆에 항상 견공들과 함께 할 숙명이었을까. 태어날 때, 엎드려서 나왔다고 엎드릴 복자를 썼다고 하시던 아버지.

기기묘묘한 응회암으로 빚어진 바위들의 머리위로 감빛 노을이 참으로 장관이었던 파샤바 계곡. 그 저녁 햇살을 안고 조용히 앉아 있던 검둥이는 카파도키아에 거하는 작은 평화로움 이었다. 아버지가 지어주신 이름 덕분에 나에게 원 없이 사랑을 주는 반려견 마음이와 함께하는 일상이 늦가을 햇살처럼 따스하다.

4부

흔적

읽고 싶은 책을 살 수 있는 여유를 가진 것만 해도 얼마나 큰 축복인지. 책이 있으면 부자가 부럽지 않았다. 읽고 있는 책이 있어도 또 책을 사며 통장잔고가 불어나듯 기쁨을 누리기도 하던 때 청학서림이 문을 닫았다. 다정한 친구가 먼 곳으로 전학을 가듯 그렇게.

덕두산－1

덕두산은 남원시 인월면 어디에서나 바라보이는 산이다.

고향에 찾아오면 자애로운 미소로 나를 반기는 산. 거대한 피라미드형의 그 산은 언제보아도 덕스러운 모습이다. 호손의 단편'큰 바위 얼굴'이 이런 모습일까.

몇 년 전 그 산을 올랐었다. 그이와 친정동네에 왔다가, 발길 닿는 대로 걸어보자고 올라간 곳이 흥부골 자연 휴양림이다. 덕두산 1150m 라는 안내 표지가 서 있다. 수정 같은 계곡의 청청한 물을 바라보며 참 편안한 마음으로 걸었다. 검푸른 잣나무 군락지는 거목이 되어 바람을 견디고 있다. 바늘 같은 침을 세운 푸른 나무는 피톤치드를 내뿜으며 나의 몸을 치유해 주는 듯하다.

산이 높아지는 곳에 눈이 쌓여있다. 누군가 올라간 발자국이 선명하게 보인다. 외길을 따라 오르니 짐승 발자국도 보인다. 푸른 침엽수 군락을 지나고, 가지만 남은 활엽수들이 보이기 시작한다. 산철쭉나무는 꽃망울을 송알송알 매달고 바람에 흔들리고 있다. 잔설이 남아 있나 했더니 오를수록 눈이 많이 쌓여 걱정이 되기 시작한다. 험난한 길을 배낭하나도 없이 올라왔으니, 손에 들고 온 작은 수첩 하나도 장애물이다. 준비성 없이 올라온 산행이 얼마나 위험한 것인지 느끼는 순간이다.

산을 오를수록 경사가 높아진다. 나무 지팡이에 의지하기도 하고 나무 둥지를 잡고 겨우 오르는 중에, 설상가상으로 눈보라까지 휘몰아치기 시작한다. 내려가자니 올라왔던 험난한 길이 생각나 진퇴양난이다. 세상에는 길도 많은데 이 산속의 길은 오직 외길뿐이다. 정상까지만 가면 새로운 길이 열리지 않을까 하는 기대로 혼신의 힘을 다해 올랐다. 어디에라도 구원을 청하고자 딸들에게 전화를 해보았지만 불통이다. 마치 태풍이 몰아치는 절해고도에 서 있는 것 같다. 빈 나뭇가지의 바람소리는 무서운 공포 영화의 효과음 같아 마음을 더 졸이게 한다. 대낮인데도 산 속은 어두워지고 있다. 오직 살아야겠다는 마음으로 절대자를 향해 간절히 기도하며, 천신만고 끝에 정상에 올랐다. 그이 손을 덥석 잡고"감사합니다!"라는 말만 반복했다. 얼굴은 눈물 콧물이 범벅이 되어 앞이 겨우 보인다. 다행히 날씨는 밝아지기 시작한다.

평지 같은 정상에 서니 멀리 고향 마을과 학교가 있는 면소재지가 펼쳐져 있다. 오른쪽으로는 바래봉을 안내하는 이정표가 보인다. 지나온 삶이 지리산 능선처럼 겹쳐져 다가온다. 안구건조증 증세로 쓰고 간 선글라스가 눈보라를 피하게 해 주었고, 차 안에 보관해 두었던 가죽 장갑도 그렇게 요긴할 수가 없었다. 이렇듯 인생행로에 많은 이들이 언덕이 되어주었음을 느끼는 겸허한 시간이었다.

덕두산 초입의 이정표를 1150m라고 읽은 나와 달리, 그이는 350m로 들었다. 그이는 식은 죽 먹기라 생각하고, 나는 언젠가 오르고 싶었던 산이라 두려움없이 올랐던 그 꼿꼿한 덕두산은 쉽게 이루어지는 일은 없다는 것을 알려주려는 뜻이었을까.

인월 중학교 운동장에서 바라보는 덕두산. 참 의연하다. 나의 의지와는 다르게 낯선 서울로 전학을 떠나는 내 등을 토닥거리며 '삶이란 견디는 것'이라고 나를 위로해 주었던 큰 덕을 지닌 산이다.

중학교 때 새로 부임한 총각 선생님에게 매료되어 음악시간이 즐거웠다. 음악 실기점수를 우리 반에서 최고점을 받게 했던 노래–푸른 강물 위에다 작은 배를 띄우고 찰랑대던 강가에 서로 손을 맞잡아 지난일 생각하며 앞날을 맹세할 때– 덕두산을 바라보며 부르던 노래를 흥얼거려 본다. 바로 밑에 있는 인월초등학교엔 아름드리 느티나무와 살아 천년 죽어 천년이라는 주목이 위엄있게 서 있다. 갑자년에 동문들이 세웠다는 시비에 새겨진 글귀에 가슴이 찡해온다.

"여기가 인월 보릿고개 넘기고 전쟁 겪으며 삼남을 굽어보는 지리산 늘 푸른 덕두봉"

올해 94회 졸업생을 배출한 모교 운동장에 서서 바라보는 덕두봉은 감회가 새롭다.

"덕두산은 아무나 오를 수 없는 산이야. 덕두봉 정상은 남극노인성이라 부르기도 하는 희귀한 별자리를 볼 수 있는 곳이야, 덕두산을 일생에 세 번을 오르면 백수를 한다는 전설이 있지." 선배에게 들은 얘기다. 큰 덕德의 우두머리 덕두산은 아무나

오를 수 있는 산은 아니다.

오랜 세월을 부산에서 살다 그 봉우리가 바라보이는 고향으로 다시 돌아왔다. 간절히 원하면 이루어진다고 했던가. 덕두산이 나를 불렀다. 이제 눈만 뜨면 바라 볼 수 있는 산이다. 사과밭에서는 거대한 몸체를 아낌없이 보여준다. 거실에서는 치마폭 같은 능선과 봉우리를 보여주고, 글을 쓰고 있는 방 책상에 앉아 고개만 살짝 돌리면 거대한 봉우리가 나를 바라보며 싱긋 웃는다.

덕두산－2

덕두산은 남원 인월면 중군리와 운봉읍 화수리 일대에 위치한 산이다. 정상에 오르면 천왕봉을 비롯한 지리산의 주능선과 서북 능선을 한 눈에 바라볼 수 있는 이상적인 전망대다. 덕두산 능선을 따라가면 드넓은 평원의 철쭉군락지 바래봉으로 가는 거점이 되기도 한다. 지리산 남서쪽에 우뚝 솟은 첫 번째 산봉이며, 지리산 능선의 출발점으로 중요한 위치의 산이다.

2년 전 눈 쌓인 고적한 산을 처음 오른 후, 하얀 찔레꽃이 애수에 찬 듯 웃고 있는 청아한 산을 다시 올랐다. 층층나무 꽃이 흰떡가루를 켜켜이 뿌려놓은 듯 맛깔스럽게 피어 눈이 호사를 누린다. 발밑에는 오래된 돌이 길손의 심중을 투시하고 있는 듯 묵언 중이다. 검은 흙이 처녀의 속살처럼 부드럽고 포근하다.

이 산을 오르는 사람은 많지 않다. 처음부터 끝까지 오르막 길인데다 오르는 동안 훤한 전망이 보이는 것도 아닌, 이 고독한 산을 나는 왜 오르고 싶은 것일까.

오래된 나무를 바라보며 걷는 오르막길이 마치 영원으로 이어지는 순례의 길처럼 경건해진다.

엄마 왜 사람은 늙어서 죽을까? 이 모습 이대로 오래오래 엄마랑 살고 싶은데."큰 딸이 어릴 때 이런 얘기를 한 적이 있다.

지나온 삶 중에 어느 시절로 돌아가고 싶은지 묻는다면 일곱 살 아이로 돌아가고 싶다고 말할 것 같다. 부모님과 함께 영원한 동심을 구가하고픈 소아병을 가지고 태어났는지도 모른다. 이런 나에게 변명을 하곤 한다. 태교의 문제라고. 그 몹쓸 6.25 땜에 모태에서부터 무서움에 웅크리며 견딘 생명이 무서움을 동반하고 태어난 때문이라고. 그것도 세상에 나오는 게 무서워 파랗게 질려서 엎드려 나온 겁쟁이라고.

장날이면 흰 옷 입고 장터에 가신 엄마를 기다리던 곳, 돈키호테처럼 사라진 작은 오빠를 기다리던 쉼터 막덕거리, 등 굽은 노송 밑에 일곱 살 소녀가 내 안에서 떠나지 않고 지금도 서 있다.

영원의 한 가닥처럼. '조금만 더 기다려. 저 신작로 끝을 봐. 엄마가 손가락 과자 사가지고 오고 있잖아. 작은 오빠는 여름방학 때 큰 가방을 들고 대한금속버스를 타고 꼭 올 거야.' 인정스런 덕두산은 큰 걸음으로 가까이 다가와 소용돌이치던 내 작은 가슴을 달래주며 늘 나를 지켜주고 있었다. 소녀 적 고향을 떠나 올 때도 내 등 뒤에서 나를 격려하던 듬직한 덕두봉. 사물에 눈 뜨기 시작한 후 바라보기 시작한 덕두산은 내 삶의 근원이자 끊임없이 솟아나는 샘물 같은 물줄기를 품고 있었다.

한 사람 겨우 오를 수 있는 오르막을 오르니 넉넉한 평상 같은 바위가 보인다. 주먹밥을 하나씩 먹으며 그이와 오랜만에 여유를 누려본다. 이제는 그이의 얼굴에서 내 얼굴이 보이는 세월을 살아 온 것 같다.

무심히 앉았던 바위 위로 예사롭지 않은 고로쇠나무가 웅지를 틀고 서 있다. 철옹성 같은 바위를 뚫고 뿌리를 내렸을까, 후덕한 바위가 틈새를 열어 주었을까, 만고풍상을 견딘 나무의 의지와 바위의 후덕함이 덕두산의 이름에 빛을 더하고 있다.

세상의 역경을 견디며 살아왔고 또 그를 지지해 준 친구지간의 결연한 모습처럼 푸근하다. 넉넉한 덕을 품고 세상의 힘든 이들을 위로하는 인애의 몸짓이다. 백전노장의 모습이다. 그 이름을 덕두산의 나무라 부르며 내 마음을 전하고 일어섰다.

덕스런 나무와 넉넉한 바위를 뒤로 하고 정상에 올랐다. 나무 사이로 멀리 아득히 마을이 보인다. 첫 기억의 흔적들이 가물거리는 호롱불처럼 흔들리고 있는 고향마을. 이곳이 이토록 그리운 것은 첫 기억들이 곳곳에 수런거리고 있기 때문일 게다.

덕두산에 서면 한 방울의 물이 된다. 옥계천은 인월 남천에 모여 지리산을 돌고 돌아 덕천강, 경호강, 낙동강으로 무구하게 흐른다.

책방—1

불현듯 책방에 가고 싶을 때가 있다. 40여 년 전 서면로터리에 멋스럽게 서있던 청학서림이 머릿속을 빙 돌다 사라지기도 한다. 윈도우 안에서 책을 고르는 머릿결이 고운 아가씨의 뒷모습이 젊을 때의 내 모습 같다.

책 한 권을 소유하는 일이 요즘 젊은이들 명품가방 하나 사는 것만큼 귀하고 소중했던 그 시절 책 욕심이 많아 책 제목이라도 훑어볼 요량으로 그곳을 자주 드나들었다. 책 한두 권을 손에 들고 책방을 나서는 그 기쁨은 대단했다. 장콕트의 시'내 귀는 소라껍질 바다의 소리를 그리워한다.' 라는 문장을 생각하며 소라껍질을 귀에다 대고 있으면 쏴— 쏴 신기하게 바다의 소리가 들리곤 했다. 어렴풋이 암송했던 시'한 방울의 물, 한 알의 모래가 망망대해를 이루고 아름다운 육지를 만드는 것 지금은 기억나지 않는 다음 구절들, 누군가는 기억하고 있으리라. 이 시 한구절로 나는 한 방울의 물을 귀하게 여기고 사랑하게 되었다.

태어난 동네 쉼터에서 보이는 신작로를 따라 등교를 하던 그 길은 가끔씩 시외버스가 먼지를 일으키며 지나가곤 했다. 그 길을 따라 면소재지로 이사를 했다. 학교 옆 작은 책방에는 간이역 같은 분위기의 긴 나무의자들이 책장 밑에 놓여 있었다. 한 권에 얼마씩 계산을 하고 책을 읽을 수 있었는데 초등학교에 입학해서도 몇 년 동안 글을 제대로 읽지 못했던 나는 마냥 신기한 마음에 그냥 그림만 보았다. 순정만화의 대가 이범기 선생의'모정의 뱃길'이라는 책이 내가 처음 읽은 책이다. 외딴 섬에 사는 가난한 모녀가 주인공이다. 6년을 나룻배로 육지에 있는 학교에 등교 시켜주는 이야기였다. 폭풍우가 몰아치는 날이나 몸이 아픈 날에도 나룻배를 저어가는 강인한 모성이 얼마나 감동적이었는지, 다음 호가 나오기를 손꼽아 기다리며 가슴을 두근거리게 했던 첫 기억의 책방. 나무의자에 앉아 코를 훌쩍이며 책을 읽던 모습이 어제일 같다. 글을 터득하게 되어 등잔불 밑에서 책을 읽고 있으면 어머니는 기쁨에 겨워 아껴 두었던 촛불을 켜주시곤 하셨다. 그때를 생각하면 아련한 등잔불 같은 그리움이 배어 나오곤 한다.

머릿결이 고왔던 시절 청학서림을 드나들며 책방을 운영해 보겠다는 꿈을 키운 것 같다. 부모님이 고향에서 가산을 정리하고 부산 초읍동에 정착해 살 때, 어머니의 강인한 생활력과 중학교 시절 배운 주산실력을 자산으로 주산학원을 시작할 수 있었다. 교회에서 주일학교 교사를 하며 얻은 지혜로 아이들을 지도할 수 있는 능력이 생겨 아이들이 점차 늘어났다.

읽고 싶은 책을 살 수 있는 여유를 가진 것만 해도 얼마나 큰 축복인지. 책이 있으면 부자가 부럽지 않았다. 읽고 있는 책이 있어도 또 책을 사며 통장잔고가 불어나듯 기쁨을 누리기도 하던 때 청학서림이 문을 닫았다. 다정한 친구가 먼 곳으로 전학을 가듯 그렇게.

책방—2

물방울무늬 원피스를 바람에 휘날리며 영광도서를 드나들던 처녀시절, 청학도서 이층에 있던 통일다방에서 맞선을 본 후 한 달 열흘 만에 무엇에 홀린 듯 결혼을 하게 되었다.

6남매의 장남인 그이와 줄줄이 공부해야 하는 동생들을 생각하면, 노래나 부르고 책이나 읽던 시절은 잊어야 했다. 첫딸이 돌 무렵 직장에 다니던 그이와 딸을 목마 태우고, 책방 장소를 물색하기 위해 서면에서 가야를 지나 주례까지 걸어가는 그 시간이 맞선을 보던 날처럼 가슴이 두근거렸다. 꿈을 이루기 위해 관문을 들어서는 순간처럼 '일어나 지금 가리. 이니스프리로 가리. 아홉이랑 콩밭 일구어 꿀벌치면서 거기 평화는 깃들어 고요히 날개 펴고' 이런 시를 상상하며 그곳까지 걸어갔으리라.

우리 형편에 맞는 아담한 장소를 결정했다. 친정아버지께서 지성서림이라는 상호를 지어주셨다. 그 지역에 책방이 없던 곳이라 책을 사러 오는 손님들이 고맙다는 인사를 하곤 했다. 둘째를 임신 중이라 불룩한 배를 내밀고 책방 손님들과 인사하던 때가 떠오른다. 책이 많으면 독서를 많이 할 것 같지만, 그게 아니었다. 늘 바쁘기도 하고 쌓여 있는 책을 선정해서 읽는 일이 쉽지도 않았다. 또 나중에 읽는다고 미루기도 하기 때문이다. 작은 책방을 운영하며 대학정문 앞에 전문 서적 한곳을 더 운영하게 되었다 연년생 삼남매를 키우며 감사와 기쁨으로 그 일을 할 수 있었던 것은 좋아하는 일이었고 꿈꾸었던 일이었기 때문이다. 또 보람된 일이라는 자부심이 지치지 않게 하는 원동력이 되었다. 그이는 민중사전 부산총판 일을 했다. 셀 수 없는 많은 책들을 공급하는 일을 할 때 한밤중이나 새벽에 서울에서 대형차로 물건이 도착하면 그이가 산더미 같은 책을 차에서 내리는 것을 쳐다보는 마음이 책 박스보다 더 무겁게 느껴지곤 했다. 책방 이름처럼 울울창창한 숲 같은 책들이 그곳을 거쳐 나가 많은 이들의 뜻을 이루게 하지 않았겠는가. 이름값을 하고자 했던 지성서림의 추억이 그립다.

늘 행복한 일만 있었을까. 셋째를 출산하고 신우신염이라는 병을 앓을 때 생사의 고비를 넘기도 하고, 지친 몸이 회복되지 않아 시들어가는 화초처럼 풀기 없이 살던 때도 있었다. 20여년 운영하던 책방을 접어야 할 때 닫힌 문만 바라보고 있으면 뒤에 열려있는 문을 보지 못한다는 헬렌 켈러의 말에 힘을 얻기도 했다. 공중에 나는 새도 기르시고 들의 들풀도 입히시는 주님께서 또 새로운 길을 열어 주실 것이라는 믿음을 가지기도 했다.

책방이 하나둘 사라지던 무렵 지성서림도 이런저런 사정으로 문을 닫게 되었다. 그 어렵던 시절 책방 덕택에 시동생은 서울에서 대학원을 마치고 시누이들도 학업과 결혼, 자녀들 학비도 어려움 없이 해결할 수 있었다. 자녀들도 원하는 책을 맘껏 읽을 수 있었던 것 같다. 지금도 책방에 서 있으면 가슴이 설레곤 한다. 젊은 날의 추억들이 봄날의 아지랑이처럼 피어오르기도 하고, 이루지 못한 꿈을 이루게 하는 마술 상자가 튀어나올 것 같아 영광도서나 보수동 헌책방에 들리기도 한다. 책장 앞에 서 있으면 오랜 방황을 끝내고 집에 돌아 온 것처럼 마음이 평온하다. 그곳에는 단발머리 소녀가 책을 들고 나무 의자에 앉아있다. 거듭난 나처럼.

언니야

언니야!

6 · 25 때 불타고 남은 아래채 은행나무 있던 집, 양지바른 마루에서 언니 무릎에 나를 뉘이고 머리숱 들추며 서캐 뽑아주던 일 기억해? 나는 지금도 그 일이 가장 평화로운 기억으로 남아 있어. 머리숱도 적은 내 머리 어디에 서캐가 그리 붙어있다고 뒤지고 뒤집었어?

저녁이면 나를 등에 들쳐 업고 건너 마을 친구 집에 놀러

갈 때, 징검다리를 건너며, 무겁다고 내 엉덩이 많이 꼬집었다고 했잖아. 혼자가면 엄마에게 꾸중 들을까 마음 졸이던 언니. 내 엉덩이에 몽고반점, 언니가 꼬집은 거라고 엄마에게 고자질해서 야단맞게 한 일 지금도 미안해 언니야.

가을 논에 새 쫓으러 갈 때, 작은 새집에 앉아 콩잎 줄기로 내 머리를 감아주었지. 훠이훠이 새를 쫓고 집으로 돌아갈 무렵 머리에 감았던 콩 줄기를 풀어주며

"봉딸이 머리 신식이다. 정말 예쁘다."

시냇물에 비친 낯선 내 모습에서 머리가 흐트러진 채, 한 켤레 아저씨를 따라다니던 어떤 계집아이가 떠올랐지. 잠시 슬퍼지더군. 혹 엄마 딸이 아니라고 할 것 같았지. 엄마는 풀덤불처럼 헝클어진 내 머리를 보고 명주결 같은 단발머리를 다시 볼 수 없을 것 같다며, 무섭게 언니에게 꾸지람을 하셨지. 파랗게 질린 언니 옆에서 가슴 두근거리던 먼 기억은 내 마음에 평화가 깨지는 첫 경험이었지. 언니에게는 새로운 도전이었지만 엄마에게는 분노를 표출하게 한 원인이었을 거야. 누구에게는 평화 또 다른 이에게는 불같은 분노, 전쟁과 평화는 동전의 양면과 같다고 할까.

언니야! 오래 전 뉴저지 조카 결혼식에 갔을 때 미국 동부

지역을 여행할 때였지. 백악관 앞에 노란 국화꽃이 피어있던 자리에 낮은 천막을 치고 어느 여인이 1인 시위를 하고 있었지. 양말도 신지 않은 발이 보였어. 발톱도 빠지고 이빨도 몇 개 남아있지 않은 주름투성이 얼굴, 그 여인 옆에는 젊은 날의 아름다운 그녀와 남편이 환하게 웃고 있는 사진이 세워져 있었어. 잉그리드 버그만을 닮은 젊은 날의 그녀는 현재의 모습과 극명하게 대조되는 모습이었어. 그녀의 손을 잡는 순간 나무 등걸 같은 감촉이 내 마음을 서늘하게 했지. 그 여인은 이곳에 왜 이렇게 서 있을까.

그녀의 남편이 전쟁으로 젊은 날 목숨을 잃었다고 하네. 그 후 반핵, 반전을 외치며 세계를 다니다 이제는 나이가 들어 백악관 앞에서 평화의 메시지를 전하고 있다네.

귀뚜라미 우는 고요한 저녁, 그 여인이 지금도 그 자리에 서 있을까 하는 궁금증에 검색을 해 보았지. 2016년 1월 25일 80세의 나이로 영면했다는 기사를 읽었네. 35년간 하루도 쉬지 않고 인류 평화를 위해 기이한 행적을 남기고 간 그녀에게 마음으로 조의를 표했네.

내가 할 수 없는 일을 하다 떠난 그녀, 나는 나의 평화만을 원하면 되지만 그녀는 많은 사람이 평화를 누리며 살게 하고 싶은 작은 거인이라고 할까!

언니! 나는 다시 태어난다면 일곱 살 소녀로 다시 태어나고 싶어. 유년 시절 살았던 대나무 숲이 우거진 산 밑 전쟁이 끝난 샛집에서 부모님과 큰 오빠, 작은 오빠와 언니, 동생들과 살고 싶어. 황소울음 들리고 돼지가 꿀꿀거리던 뒤 안, 암탉이 병아리를 데리고 궁둥이를 샐룩거리고, 병아리들은 쫑쫑거리며 어미 닭을 따라가던 평화로운 마당.

어느 날, 혼자 마루에서 자다 일어나 보니 아무도 없는 마당 가운데 붉은 고추가 멍석에 널려 있었지. 첫 기억의 가을마당이 그리워 지금도 고향에 가는 꿈을 꾼다네.

언니! 이 나이에 고향에 가서 사과밭을 일구며 살고 싶다고 하면 언니는 잘 했다고 할까, 부질없는 일이라고 나무랄까. 귀촌은 자연으로 돌아가고 싶은 회귀본능인지도 몰라. 어쩌면 평화주의자였던 백악관 앞의 그녀가 나에게 던져준 메시지가 나에게 새로운 도전을 주지 않았을까.

일을 미루고 싶을 때, 한가한 시간을 만들기 위해 반려견 '마음이' 를 눕혀 놓고 털을 뒤집으며 진드기를 잡을 때면 그렇게 평화로울 수가 없어. 아무 생각없이 털을 들추며 평화로이 살고 있는 진드기를 잡아내는 내 손은 진드기에게는 얼마나 무서운 존재일까. 진드기들이 얼마나 교묘하게 숨어 있는지. 눈에 띄지 않는 귀 밑, 입언저리, 발가락 사이, 눈꺼풀 위에 붙어 피를 빨아먹는 놈들을 발견하면, 참으로 대단한 녀석들이라는 생각이 들어. 진드기를 잡아 마음이에게 보여주면 마음이는 확인이라도 하려는 듯 까만 눈을 굴리며 진드기를 쳐다보는 게 얼마나 귀여운지, 그 일이 마음이에게는 평안, 진드기에게는 전쟁이라고 할까.

내 머리에 서캐 잡느라 엄마가 시킨 일을 팽개치고, 나를 무릎에 눕혀두는 그 시간이 언니의 마음은 평화로웠을까 불안했을까.

쉬고 싶을 때 반려견을 눕혀 놓고 진드기 잡는 일이 나에게는 휴식과 평화의 시간이자 일에서 벗어나고자 하는 핑계이기도 해.

오랜 세월 반전, 반핵 시위를 벌이다 세상을 떠난 '콘셉션 피시오토' 라는 여인의 영혼은 낙원에서 평안을 누리고 있을까.

지난번 뉴저지 언니가 사는 곳을 다녀 온 후, 언니 손길이 가는 곳마다 노오란 민들레가 피어나듯 맛있는 음식과 정감어린 이야기가 피어나는 걸 알게 되었어. 언니는 참 대단하다는 생각이 떠나지 않아.

나름 언니에게 별명을 지었지. '뉴저지의 노란 민들레'라고.

불현듯 거인 같은 그 여인이 생각나는 저녁, 나에게 언니는 작은 거인이야.

나를 언니 무릎에 눕혀 두고 내 머리 결을 살살 만지던 그 때, 세상에서 가장 평화로운 그림으로 남아 있어. 언니야!

시인과 별

내가 살고 있는 동대신동 버스 정류장 옆에는 '하늘과 바람과 별과 時' 윤동주의 서시를 새긴 화강암이 세워져 있다. 작고 소박한 형태라 마음이 끌린다. 키 작은 시비는 긴 세월을 흙과 바람과 함께 지내다 보니 꾀죄죄한 개구쟁이 얼굴처럼 깨끗한 구석이 없다.

그 시비에 새겨진 글귀를 가만히 되뇌어 본다. 시를 읽으니 참회의 마음과 정결한 마음이 교차한다.

벚꽃이 지고 난 가로수 길에는 왕벚꽃이 풍요로운 꽃송이를 안고 서 있기도 하고, 여름이면 우람한 백합나무가 푸른 가지를 흔들며 시원한 그늘을 드리우기도 한다. 또 가을이 돌아오면 백합나무는 은잔을 높이 들고 축배의 노래를 들려주기도 한다. 황금빛 꽃을 피우는 금목서가 금가루를 뿌려 놓은 듯 달콤한 향기를 날리는 곳에 서 있는 시비는 외롭지 않은 것 같은 시인의 영혼을 생각하게 한다. 그 시비 앞에 서있으면 화살처럼 지나가버린 시간을 멈추게 하며, 내 첫 기억의 장소가 열려지기도 하는 곳이다.

어린 날 아버지를 따라 앞산을 자주 올랐었다. 산 밑에 양지쪽에 진달래가 피어나던 날에도 그 산꼭대기에는 흰 눈꽃이 거대한 화관처럼 올려져 있었다. 산을 오르다 계곡 옆 작은 돌무더기를 만나곤 했다. 아버지는 그 돌무덤을 지날 때 작은 소리로 '아가들아 잘 자고 있는가!' 혼자 말처럼 하셨다. 그 돌무더기는 아기장이라 부르는 아이들의 무덤이었다. 그때는 아기들이 죽으면 그렇게 산에다 돌로 쌓아 묻어 두었던 것 같다.

이스라엘 여행 중 홀로코스트 뮤지엄을 둘러보던 일이 생생하다. 2차 세계대전 나치 독일에 의해 희생된 600만 명의 유태인들 중 어린이들만을 위한 추모관에 갔다. 추모관 입구를 들어

가니 칠흑 같은 어둠이었다. 천정은 검은 하늘처럼 수많은 별들이 반짝이고 있었다. 침묵만이 감도는 곳에 안식의 자장가처럼 안온한 음악이 흘러나오고 있었다. 그냥 그 자리에 내 자신을 잊은 채 서 있었다. 어린 영혼들의 눈동자처럼 보이던 불빛. 아이들의 숨소리 같은 진혼곡은 나의 심장을 쥐어짜는 듯했다. 밖으로 나와 쉰들러 리스트 기념나무를 바라보는 순간, 진정한 평안과 안식을 느꼈던 기억의 창고가 시비가 서 있는 가로수 길에서 열려짐을 느낀다.

미세 먼지에 찌들어진 시비를 바라볼 때면 생각만 앞선다. 장맛비가 주룩주룩 내리는 날, 비를 맞으며 화강암 바위를 깨끗이 닦는다면 내 마음에 진 빚이 탕감될까. 그 바위가 새 옷을 입은 것처럼 빛이 날 때, 샘솟는 듯 한 시가 태어날까.

오늘은 윤동주시인이 태어난 지 100년이 된 날이다. 1917년 12월 30일에 태어나 그의 서시는 1941년 11월 20일에 쓰여진 시라고 한다.

오랜만에 함박눈이 오고 있다. 포슬포슬한 솜을 하늘에서 날리고 있는 정경이다. 창을 열어보니 향나무와 종려나무도 흰 옷을 입고 서 있다.

펑펑 함박눈이 오는 날 운전을 하며 집으로 돌아온다. 시비가 바라보인다. 마치 환상처럼 어느 여인이 시비를 깨끗하게 닦고 있다. 세수를 할 수 없는 아버지를 씻기고 닦이듯 고운 손으로 정성스럽게 시비를 닦고 있다. 꾀죄죄한 모습은 사라지고 해맑은 얼굴이다.

시인의 –또 다른 고향– 의 시비를 화강암에 새겨 놓는다

–가자 가자 쫓기우는 사람처럼 가자

백골 몰래 아름다운 또 다른 고향에 가자–

계명성과 같이 빛나는 시를 쓰고 간 분이다. 쉰들러 리스트가 살아 있는 육체를 살린 의인이었다면 윤동주 시인은 외롭고 의지할 데 없는 수많은 영혼을 이상의 나라로 인도해 준 영혼의 안내자다. 그가 안고 간 고뇌와 잎새에 이는 바람결 같은 시심이 나의 찬 영혼에게 전해 오는 시간. 그가 세상에 태어난 날 내 마음에 평온을 얻기 위해 시비 앞에서 그의 시를 다시 세워 보는 나만의 의식을 치렀다.

윤동주 시인의 언덕

인왕산 언덕을 오른다. 큰 딸이 사는 신영동에서 걸어서 부암동을 지나면 시인의 언덕을 만난다. 그 언덕에 올라서면 창의문이 보이고 청와대와 경복궁을 만나기도 하는 길이다. 그 언덕을 한번 오르고 난 뒤 서울 가는 길이 설레기도 한다. 그리운 이를 만나러 가는 일처럼, 그 언덕에서 누군가 나를 기다리고 있을 것 같은 두근거림을 느끼기도 한다. 처음 가는 날은 연분홍 진달래 꽃이 작은 입술을 내보이고 있었다. 언덕 위 나무

계단을 오르며 나무 울타리에 흘려 쓴 시인의 시를 음미하며 한 계단씩 오른다. 서울의 오래된 풍경들이 아직도 남아 있어 평화롭다.

오월 초순 아까시꽃이 포도송이처럼 매달려 향기롭다. 언덕진 곳에서 오랜 세월을 견딘 나무의 둥지는 우람하다. 언덕을 내려서면 문학관이 보인다. 아까시꽃빛의 문학관 외관은 그의 시처럼 맑고 청렴한 느낌을 준다.

언덕 위에 소나무 한그루 윤동주시인의 마음처럼 고고하고 청청하게 언덕을 지키고 서 있다.

문학관에 들어서니 퇴색되어가는 기와 빛의 나무 우물은 세월의 흔적을 보여준다.

시인의 고향 북간도 명동촌에서 가져온 정감있는 우물 앞에서 본다. 벽면에 진열된 초판의 시집들과 시인이 읽었던 책들이 그의 사상과 문학의 열정을 다시 보게 해준다. 번잡한 세상을 잊고 영혼의 가압장으로 들어선다. 열린 우물에서 바라보이는 하늘은 시인의 마음처럼 맑고 푸르다. 그의 맑은 영혼이 흰 구름과 함께 흐르는 듯하다.

인왕산 자락에 버려져 있던 청운수도 가압장과 물탱크를 개조해 윤동주 문학관을 만들었다고 한다. 가압장은 느려지는 물살에 압력을 가해 다시 힘차게 흐르도록 도와주는 곳이다. 세상살이에 지친 내 영혼에 윤동주의 시는 아름다운 자극을 준다. 그리하여 영혼의 물길을 정비해 새롭게 흐르도록 만든다. 윤동주시인은 내 영혼의 가압장이다.

시인이 잠시 하숙을 하며 그 부근에 살았던 점을 착안해 폐기되어 사라질 이곳을 재활용한 지혜는 시인을 사랑하는 마음이 아니었을까.

물탱크에 잠겨 있었던 물의 흔적들의 높이가 아직도 선연히 남아 있다. 몇 분 동안 상영된 시인의 생전의 모습은 영원한 청년으로 남아 있다. '자화상'의 우물과 그의 고향집 우물, 인왕산 자락의 버려진 가압장의 물탱크에서 모티브를 얻은 윤동주 문학관은 내 깊은 심연 속에 자리 잡고 인왕산 자락으로 나를 자주 이끌 것이다.

일곱 살 아이가 앉으면 딱 어울릴 것 같은 작은 의자에 엉덩이를 걸치고 아이가 되어 그를 마음에 새겨 본다. 가압장에 잠겨 있던 수 많은 물 방울들이 큰 우물이 되어 내 마음에 잠긴다.

의자

한국전쟁 이후 가장 혼란스럽다는 시국이다. 아침에 태극기를 대문 앞에 달았다. 삼일절 노래도 들었다.~기미년 3월 1일 정오~ 별 감정이 없다. 어린 시절 교정에서 태극기를 들고 애국가를 부를 때의 그 뭉클한 감동은 어디로 갔을까.

태극기를 흔들고, 촛불을 들고 시위하는 군중들이 무섭게 느껴진다. 신호를 무시하고 달리는 자동차를 바라보는 느낌이다. 차라리 태극기나 촛불을 손에 들지 않고 침묵시위를 한다면 어떨까.

우리 집 거실 진열장 위에는 금색으로 도금된 미니 의자 하나가 올려져 있다. 오래전 중국 상해 여행 중 대한민국 임시정부 청사를 관람할 때 기념품으로 구입한 의자다. 임시정부 건물의 경비를 충당하기 위해 몇 점의 기념품을 팔고 있었다. 내 손바닥에 올려진 금색 의자의 등받이는 작은 시계 모양으로 의자의 균형을 잡고 있다. 등받이에 붙어 있는 시계는 지금도 그때의 시간을 알려 주고 있는 것 같다.

임시정부 집무실에는 마치 김구 선생님 생전의 모습처럼, 밀랍인형이 의자에 앉아 집무를 보고 있는 것처럼 보였다. 선생님은 마음 편히 의자에 앉아 본 적이 있었을까. 째각거리는 시계소리는 선생의 무거운 마음을 채근했으리라. 어쩌면 공직자의 소임은 시간을 허투루 보내지 않는데 있지 않을까. 김구선생님 어록을 생각해 본다. 선생의 '나의소원' 중 '내가 원하는 우리나라' 는 언제 들어도 가슴 뜨거워지는 명언이다. 과연 선생님은 선각자이셨다. 우리나라의 문화가 이렇게 융성해진 것은 그분의 염원이 이루어진 것이라는 생각이 든다.

몇 년 전부터 '문화 융성' 이라는 말이 난무한다. 문화를 융성한다는 일이 오히려 문화를 퇴보시키는 일이 아닐까 싶을 때가 있다.

서울에서 일을 끝내고 딸집으로 향하는 길이다. 북악산 밑 청와대 앞은 침묵이 흐른다. 잠시 후면 헌정사상 처음으로 탄핵을 당한 대통령이 청와대를 나와야 하는 시간이다. 기자들과 여행객들만 보이는 청와대 정문 앞에는 스산한 기운이 감돈다. 청와대 본관은 북악산을 큰 의자로 삼고 앉아 있는 모습이다. 청와대가 경복궁 위에 자리 잡고 있다 보니 이조 왕조보다 더 높은 권위를 세우고 있는 것은 아닐까.

날이 어두워지려고 한다. 이곳에 서서 삼성동 자택으로 퇴거하는 대통령의 모습을 본다는 일이 내게 중요하지 않다. 탄핵을 당한 대통령의 마음은 오죽 참담하겠는가. 인왕산 줄기를 돌아 윤동주 시인의 언덕을 넘어 딸네 집으로 향했다. 뒤돌아보니 사저로 향하는 차를 기자들의 차량이 꼬리를 물고 달려가고 있다. 쫓는 자와 쫓기는 자의 마음처럼 불안한 불빛이 차량의 행렬을 비추고 있다.

딸네 집에서 하룻밤을 자고 내친김에 경복궁을 둘러보고 싶었다. 경내 어느 곳에서도 북악산과 인왕산이 바라보였다. 조선의 제왕들도 산을 바라보며 마음을 다지며 정사에 임했을 것이다. 제왕들에게는 바라보이는 산이 시계보다 더 무섭지 않았을까. 시계가 무생물이라면 산은 살아 있는 생명으로 제왕들을 감독했을 것이다.

경복궁의 정문 광화문을 들어서니 북악산과 조화를 이루며 아름다움과 권위를 겸비한 근정전이 목조건물로서의 극치를 보여준다. 근정전에 자리 잡은 옥좌에선 위엄이 느껴진다. 옥좌 위에는 일월오봉도의 봉우리와 소나무가 옥좌를 내려다보고 있다.

사람은 시간의 굴레에서 벗어날 수 없다. 어떤 제왕도 시간 앞에 성실한 자라야 백성 앞에 떳떳할 수 있다. 경복은 시경에 나오는 말로 왕과 그 자손, 온 백성들이 태평성대의 큰 복을 누리기를 축원한다는 의미라고 한다. 새 봄을 기다리는 경복궁 경내를 산책하고 있으니 궁궐에 살았던 여인들의 올림머리가 떠오른다. 올림머리가 권위의 상징이던 시대는 이조 여인들로 족하다. 왕비가 거처하던 교태전에 앉아 바라보는 아미산 정원은 아름다웠다. 그 아름다운 정원을 바라보던 왕비의 머리는 얼마나 무거웠을까.

평범하게 살 수 있는 내 삶에 감사하는 시간이다. 작은 의자가 소리 없는 시간을 알리는 집으로 돌아가야 하는 저녁이다.

반달

가끔 가는 식당 벽에는 '황해도 만두', '안동 칼국시', '충무김밥'등 메뉴판이 높이 걸려 있다. '황해도', 한 번도 가 본 적이 없는 곳이다. 그런데 그 곳이 정감이 가는 것은 왜일까. 뜨끈한 안동 칼국시 국물을 음미하며 먼 황해도를 그려 본다.

〈압록강은 흐른다〉를 쓴 이미륵 선생님의 고향이 황해도 해주다. 그 분은 책을 통해 천진한 소년의 모습으로 말을 걸었다.

또 한 분 백범 김구 선생님의 고향이 황해도 해주다. 백범일지를 통해 아버지처럼 내 등을 한 번씩 두드려 주셨던 분이다. 두 분은 오래 전에 세상을 떠났지만 책을 통해 뜨거운 열정을 느꼈으며, 진지한 자세로 대하게 되었다.

옆자리에 앉은 분이 황해도 만둣국을 주문한다. 만두의 반달 모양에서, 흘러가는 나룻배와 '주애보'라는 처녀의 모습이 겹쳐진다.

하련생이라는 중국 여류작가의 '선월'이라는 소설속의 김구 선생과 주애보의 애련한 이야기가 궁금해진다. 김구 선생이 중국에서 독립운동을 하며 망명 생활을 하던 때, 5년간 선생을 도운 처녀 사공 주애보의 얘기는 마음을 아리게 한다. 백범일지의 '기적장강 만리풍'에 잠시 언급했던 처녀 사공 주애보는 김구 선생의 은인이자 부부의 연을 맺은 관계다. 김구 선생을 물심양면으로 지원했던 중국인 '저봉장' 이란 사람이 상처한 선생에게 주선해 준 교사를 거절했었다. 남자 홀몸으로 피신하기 힘든 상황일 때 위장 결혼을 하기 위해 스스로 택한 여인이 처녀 사공 주애보이다.

> 유식한 여자와 살다보면 내 본색이 탄로되기 쉬우니 차라리 무식한 뱃사공 주애보에게 몸을 의탁하며 배 안에서 살기로 하

였다. 오늘은 남문 밖 호숫가에서 자고 내일은 북문 밖 운하 옆에서 자고 낮에는 육지로 나와 다녔다. 내가 남경에서 주애보를 제 고향 가흥으로 보낼 때, 후회 되는 것은 그때 여비 백 원을 준 일이다. 그는 5년이나 나를 광동인으로만 알고 섬겨왔고 부부 비슷한 관계로 살면서 내게 공로가 적지 아니한데 다시 만날 기약이 있을 줄 알고 노자 외에 돈을 넉넉하게 못준 것이 참으로 유감천만이다.

–백범일지 중

주애보, 그냥 묻어버려도 될 사람이었지만 백범일지에 몇 번이나 그녀를 언급한 것을 보면 선생의 솔직한 성품을 엿보게 된다. 선생은 주애보에게 직업은 고물상 원적은 광동성 해남도라고 했다. 중일 전쟁 때 일본군의 남경폭격으로 집이 무너졌을 때, 두 사람은 간신히 죽음을 면했다. 왜경의 감시가 더욱 심해지자 가흥을 떠날 수밖에 없었다.

운명적으로 만난 두 사람의 애틋한 사연이 뜨거운 만둣국 속에서 일렁인다.

주애보는 반달로 남기보다 보름달이 되기를 소원했을 것이다. 하지만 일경의 눈을 피해 김구 선생이 다른 곳으로 피신해야 했기에 두 사람은 헤어졌고 다시는 만날 수 없었다. 백범선생의 어머니에게서 받은 팔찌도 반쪽이다. 나룻배도, 그녀가 선생에게 주려고 만들었던 신발도 이루지 못한 흔적인양 희미한 반달로 하늘에 떠 있다. 달이 강물에 비치면 처녀사공은 선생을 나룻배에 싣고 운하를 건너다녔다. 무수한 때죽나무 꽃들이 물위에 떠다니며 나룻배와 함께 흘러가고 있을 가흥의 강물은 오늘도 그때처럼 애련하게 흐르고 있을까.

잊고 살았던 김구 선생의 또 다른 가족 얘기를 생각하며 아직 읽지 않은 소설 '선월'에 눈길을 준다.

선생님에게는 나라와 민족을 위한 대의도 중요하지만 한 인간으로 지순한 사랑이 얼마나 귀하고 소중 했겠는가. 자신이 처한 사막 같은 도피 생활에 꿈같은 시간들과 조우할 수 있었던 것도 그녀가 곁에 있어주었기 때문이리라.

황해 만두 속에는 선생의 품속에 간직하고 있던 빛바랜 주애보의 사진이 반달처럼 기울어져 있다. 풀어진 만둣국에선 흩어진 하얀 꽃잎들이 되살아난다. 빈 배를 노 저으며 강물을 따라 가뭇없이 떠나가는 주애보의 머리위로 손톱 같은 반달 하나 무심하게 떠오른다.

파초

우리 집 테라스 옆에는 잎 하나가 아이 키보다 큰 식물이 자라고 있다. 한 잎 두 잎 펼쳐지며 푸른 그늘을 드리우는 나무다. 처음 순이 터져 나올 때는 잎이 돌돌 말려 하늘을 향해 솟아오르는 기상이다. 잎이 서서히 펴지며 푸른 치마처럼 포물선을 그리며 잎 끝이 땅을 향한다. 여름 한 철 눈을 시원하게 해주는 자태가 여유롭다.

이른 봄에 땅을 뚫고 솟아나오는 대궁을 보면 대나무 밭에서 올라오는 왕대나무 죽순처럼 실하다. 지금 살고 있는 집에 이사 온 첫겨울에는 보온을 해주지 않은 탓에 봄이 지나고 한참 후에야 싹을 틔웠다. 따뜻한 남국에서 귀화해 추위에 약하다는 것을 모른 탓이었다. 그 후로 그이는 추위가 오기 전에 대나무 같은 둥지를 자르고 비닐로 덮고 겨울 채비를 한다. 몇 년간 그 나무는 열매도 맺지 못하는 잎만 무성한 바나나라고 생각되어 무심하게 대했다.

이태준의 수필 '무서록'에 '파초'라는 글을 읽고 난 뒤 이 푸른 잎을 드리운 나무가 파초가 아닐까 하는 생각을 하게 되었다. 나무를 잘 아는 지인에게 물어보고 인터넷 검색을 해보니 파초임이 확실하다. 물론 바나나와 파초는 사촌지간처럼 비슷하게 보인다. 그제야 파초라고 확실하게 불러준다.

서울 사는 큰 딸에게 "엄마 서울 가면 성북동 수연산방에 나들이 가자."고 했더니

딸은 이유도 모르고 좋다고 한다. 그 '수연산방' 이태준 선생 생가의 파초를 보고 싶은 마음에서다. 하지만 그 고택에 파초가 지금도 자라고 있는지는 모를 일이다 . 무더운 여름 파초 잎을 만지며 김동명 시인의 파초를 소리 내어 읊어본다.

–조국을 언제 떠났노 파초의 꿈은 가련하다 남국을 향한

불타는 향수—

문헌에 보면 조선시대 선비들의 파초 사랑은 자별했던 것 같다. 옛날 선비들을 생각하다 이 집을 짓고 정원을 만들었을 전 주인이 떠오른다. 이 집을 계약하던 날 그 주인의 이마에는 땀방울이 송송 맺혀 있었다. 이마에 흐르는 땀방울을 닦아드리고 싶은 마음을 억제하며 "집을 예쁘게 잘 관리할 게요" 했던 것 같다. 큰 오빠같이 느껴지던 그 분이 많이 사랑했을 것 같은 파초.

집을 사는 우리는 조금이라도 싼 가격에 매입하려 할 때, 그 분들이 많이 양보 했던 일이 생각난다. 넉넉한 파초 잎처럼, 베풀고 떠났던 전 주인의 품성을 닮은 파초 잎을 쓰다듬어본다.

비 오는 날 파초 잎을 바라보며 그 잎에 떨어지는 소리를 듣는다. '둥 둥 둥' 큰 북, 작은 북소리가 조화롭게 울려온다. 마치 먼 바다를 향해 출항을 알리는 소리 같은 파초의 둥근 곡선을 바라보고 있으면 먼 바다에서 힘차게 유영하는 고래의 몸짓을 보는 것 같다. 하늘을 향하고 높이 솟구치다 다시 머리를 숙이며 유영하는 고래의 넓은 등을 닮았다. 세상에서 제일 넓은 등을 가진 파초 잎은 고래의 굵은 등뼈를 문신처럼 새기고 있다. 아무도 파초 잎을 고래라 부르지 않아도 소나기가 퍼붓는 한여름 밤 파초는 웅비한 고래가 되어 먼 남국의 바다를 유영한다.

파초의 깊고 깊은 대궁에는 푸른 물을 가득 담고 먼 지역으로 떠날 채비를 하듯 남국의 바다를 향한 그리움으로 초연하다.

오랜 세월 파초의 속내를 모르고 살았던 마음을 사죄라도 하듯 소낙비 소리와 함께 파초와 여행을 떠나본다. 파초 잎에 떨어지는 소낙비 소리가 범종소리로 변한다. 징~~ 긴 여운을 남기며 내 마음 깊은 곳에 큰 울림을 주던 맑고 깊은 소리와 서로 엇갈리며 오묘한 소리로 변한다. 소낙비가 퍼 붓고 있던 해인사 대웅전 앞마당에 서 있는 파초. 푸른 세상을 염원하며 뚝 뚝 떨어지는 빗방울을 온 몸으로 받아내고 있다. 어느 게 진실이고 거짓인지 분별하기 어려운 풍진 세상이다. 그래도 파초는 높고 깊은 울림을 들려주며, 범종의 심오한 세계로 나를 침잠시키기도 한다.

참한 바람과 선한 그늘을 드리우고 푸른 바다로의 여행까지 선물하는 파초에게 '여름나느라 수고했다' 며 작은 소리로 속삭여 본다.

부자동네

종로구 신영동에 사는 큰딸 집에서 바라보이는 동네가 있다. 북한산 보현봉 아래로 언덕진 동네가 예사롭지 않다. 북한산과 잘 어울려 스위스 어느 동네를 바라보는 느낌이다.

"저 동네 이름이 뭐지?"

"평창동이라는 동네야. 엄마, 언젠가 내가 살고 싶은 곳이야."

걸어서도 갈 수 있는 곳이다. 이웃집에 마실 가듯 걸어 본다. 미술관도 보이고 멋스런 카페와 레스토랑도 자리 잡고 있다.

쉬엄쉬엄 걸으며 동네를 구경하는 재미가 쏠쏠하다. 어떤 집은 나무 대문 틈새로 안을 들여다 볼 수 있다. 마당에 다양한 꽃들이 피어 있는 집은 어쩐지 집안 분위기도 화목할 것 같다. 대문 밖에 로즈마리 화분을 내놓은 집에 사는 사람은 인정이 넘칠 것 같다. 어떤 집은 성벽 같은 담과 철장처럼 닫힌 대문의 표정으로 그 집의 인심이 박절하게 느껴지기도 한다. 높은 담장 위로 담쟁이넝쿨이 지도를 그리며 영역을 넓혀가고 있다. 아무래도 바깥세상이 궁금한 것 같다.

북한산을 배경으로 대문이 없는 정원에 등 굽은 소나무 두 그루가 여유롭다. 소나무는 주인의 성품을 닮아가고 있는지, 주인이 소나무의 품성을 닮고 있는지. 고고한 자태가 나그네의 눈길을 사로잡는다.

동네를 두 시간 정도 걸었지만 사람 구경을 할 수가 없다. 새소리만 들려온다. 이런 집을 마련하기까지 얼마만큼 허리띠를 졸라맸을까. 설령 부모님의 재산으로 사는 사람이라도 그 재산을 관리하느라 노고가 많았을 것이다. 열심히 살아온 사람들의 허리를 잘 자란 나무들이 위무해 주는 듯 보였다.

이런 큰 집을 관리하고 사는 일은 쉬운 일이 아니다. 돈으로 해결한다고 하지만 요즘처럼 시간을 돈으로 여기는 이들에게는 부질없는 일로 보일 수도 있다. 하지만 어떤 사람에게는 마음의 위로와 귀한 볼거리다. 나무가 주는 환경적 가치나 문화적 가치는 말할 것도 없지만, 열심히 살아온 사람들의 분복을 잠시라도 누려 보는 시간이기 때문이다.

미국 서부 여행 중에 다녀온 토렌스해안과 몬토레이17마일이라는 곳이 아련하다. 샌프란시스코에서 남쪽으로 태평양 해안을 따라가는 드라이브 코스로, 백만장자들이 사는 집이 많은 곳이다. 쉽게 들어갈 수 없는 집도 있지만, 대문이 없는 집들은 산책하는 이나 여행객들이 마당에 앉아 사진도 찍고 잔디 위에서 쉬기도 한다. 집 주인이 현관문을 열고 윙크하듯 싱긋 웃으며 다시 들어가기도 한다. 편히 쉬고 가라는 배려로 여겨진다. 대리석 계단에 앉아 망망한 태평양을 바라보니 남자 주인의 마음이 태평양을 닮은 것 같았다. 부자들이 자신의 재산을 사회에 환원하는 거창한 일이 아니더라도, 멋진 집과 어우러진 자연을 서로 공유하며 사는 것 또한 사회에 환원하는 일이 아닌가 싶다. 자금을 축적하는 일에 혈안이 된 모습이 아니라 서로 나누며 소통하는 일, 그런 부자들의 모습을 잠시나마 바라보는 하루였다. 정성스럽게 가꾼 정원을 타인과 나누는 모습에서 '개 같이 벌어 정승처럼 쓰라'고 한 옛 말에 고개가 끄덕여진다.

하기야 우리 집도 대문이 꼭 닫혀 있고, 밖에서는 마당에 서 있는 나무도 작은 식물도 볼 수가 없다. 누가 들여다본다고 세금 나가는 일도 아니고, 나무가 싫어하지도 않을 텐데 말이다.

"우리 집 철 대문을 나무 대문으로 바꾸면 어떨까요?"

"뭣하려고?"

그이의 대답은 이 말 한마디면 끝이다. 키 낮은 나무 대문으로 안이 보이게 개조하고 싶은 것이 나의 바람이다. 그 일이 어렵다면 철 대문을 밖에서 안이 들여다보이게 손을 보고 싶다.

도시에서는 개인 주택이 귀해지는 세상이다. 자고 나면 아파트가 높이 치솟아있다.그러기에 마당이 있는 주택에 사는 사람이라면 뭔가 의미 있는 일을 해야 한다는 생각이 든다.

활짝 열어두는 일이 서툴고 두렵다면 조금씩 여는 연습을 해야 할 것 같다. 마음의 빗장을 풀듯 닫혀 있는 대문을 열고 살아야 할 나이가 된 것일까.

아예 담도 대문도 없는 산 밑 작은 흙집에서 살고 싶은 마음이 꿈틀거리는 요즘이다.

5부

일 잘하는 남자

툭 툭 소리를 내며 떨어지는 사과 열매들을 바라보며 내 속에 가지고 있던 많은 것들을 버리는 연습을 한다. 얼마나 많은 것 들을 버려야 튼실하고 멋진 사과로 익어갈까. 먹음직한 사과 하나를 달기 위해 수 많은 사과 열매들이 가위질에 떨어진다.

한줄기 바람

백수가 과로사 한다는 말이 있다. 일 없이 바쁘다는 친구가 자주 쓰는 말이다. 나에게는 분주함 중에 쉼을 누리는 일이 글쓰기인지도 모른다.

바쁜 시간을 쪼개어 기도하듯 글을 쓰다 보면 내 위선의 껍질이 한 겹씩 벗겨지며 가면을 벗은 진정한 나를 만나게 된다. 진정한 나를 만나는 그 시간은 신과의 대면처럼 성스럽고, 상처 난 내 마음이 조금씩 치유되는 듯하다.

수필을 지도 받는 선생님께 글쓰기의 어려움을 토로한 적이 있다.

"자신의 주위에서 글감을 찾으라" 는 선생님의 말씀을 듣고 늘 먼 곳만 배회하다 진정한 나를 잊어버리고 살았구나 하는 생각을 하니, 어렵게 느꼈던 글쓰기가 허물없는 친구 대하듯 편해졌다.

지난여름 즐겨 입었던 마 원피스를 바람에 날려 보내고 말았다. 저녁에 빨아서 아침에 입곤 하던 원피스는 플라타너스를 닮은 옷이었다. 저녁에 뒤란에 널어 두었던 옷이 아침에 사라졌을 때의 허망함. 하지만, 금세 기분이 전환되어 새로운 생각이 자리를 잡기 시작했다.

"아, '바람에 날아간 원피스' 라는 글감이 생겼구나."

한 편의 글과 바꾼 원피스, 아주 만족한 흥정이었다. 날아간 원피스만큼이나 마음이 가벼워지는 순간, 시원한 바람 한줄기 지나간다.

마당에 피어난 흰 나팔꽃을 바라보다 그 깊은 동공 洞空 속으로 빠져 들어가고픈 충동을 느낀 적이 있다. 그 알 수 없는 오묘한 길이 문학의 길이 아닐까.

해 아래 새것은 없다고 하지만, 글을 쓴다는 일은 깊은 계곡을 휘감고 도는 물줄기 같다는 생각이 든다. 첫 줄기는 미약하지만 계곡을 흘러 강에서 바다로 깊고 넓어지며 무한한 공간 저 너머에 이르는 일이 글의 힘이 아니겠는가.

내가 하고픈 얘기, 가장 위대한 글은 아직 쓰이지 않았고, 아직 지면에 발표되지 않았다. 맑고 깊은 영혼의 행간들은 나의 가장 내밀한 곳에서 숨 쉬고 있다.

노벨 문학상 수상자 '밥 딜런'은 처음 타자기 앞에 앉았을 때는 오래된 일을 떠 올릴 자신이 없었지만 일단 써내려가기 시작하자 기억의 창고가 열리는 것 같았다고 말한다.

얼마 전 영남 알프스 신불산을 가족이 함께 올랐다, 뒤처지며 힘들어 보이는 엄마를 위한다고 막내딸이 내 배낭을 대신 메고 올라갔다. 그 마음이 고맙고 대견스러웠다. 정상까지 다녀오려면 시간이 꽤 걸려 잘 걷는 식구들은 먼저 올라가고 나 혼자 천천히 산을 오르게 되었다. 한 손에는 휴대폰, 한 손에는 작은 물병 뿐이라 홀가분하다는 생각을 했다. 그러나 그것은 잠시 뿐이었고 험난한 오르막 산행이 난감했다. 물병과 휴대폰 하나를 넣을 가방, 내가 지고 가야할 짐이 없음을 후회하는 시간이었다.

우리 삶에 지고 가야할 짐이 없다는 건 축복이 아니라 어쩌면 재앙일 수도 있겠다는 생각이 들었다. 일이 많다고 내가 진 짐이 무겁다고 힘들어 하던 순간들이 떠올랐다. 지금까지 오르막 인생길을 오르며 나를 받쳐주고 힘이 되었던 것은 내가 지고 가는 등짐이었다. 무거웠던 짐이 오히려 감사하고 소중히 느껴지는 산행이었다.

나의 삶의 여정에 지고 가야할 짐은 고통의 보따리가 아니라, 지친 몸의 균형을 잡아주고 쓰러질 위험의 찰나에 나를 보호해 주는 배낭이었다. 나의 마음을 다독이는 순간 위로의 바람이 스쳐간다.

새로운 길

몇 년 전 고향 마을 사과 밭을 구입한 후 그이와 막연히 농사를 짓겠다는 생각을 했었다. 밭을 구입한 후 2년 동안은 사과나무를 심은 이들이 관리했기 때문에 별 걱정 없이 부산에서 하던 일을 마무리할 수 있었다.

고향이라 하지만 중학교 때 작은 오빠를 따라 전학을 다니며 객지로 나왔으니 어쩌면 새로운 곳이기도 하다.

어릴 적 고향 집에서 지금 사과밭이 있는 앞산을 바라보며 노래를 자주 불렀다. 마을에서 제일 높은 곳에 위치하고 있던 샛집 마당 끝 화단 옆에는 장독대가 있었다. –저 산 저 멀리 저 언덕에는 무슨 꽃잎이 피어 있을까–

커다란 장독에 얼굴을 들이밀고 동생과 신나게 불렀던 그 노래는 멀리 앞산까지 아마 하늘까지 들렸으리라. 60년의 세월이 지나 신기한 동화의 문이 열려 그 산 자락에 와서 사과 농사를 짓게 될 줄이야.

내가 그이를 따라 온 걸까. 그이가 나를 따라 온 걸까. 그이의 고향은 경상도 마산, 내 고향은 전라도 남원이다.

젊은 날 서면 통일 다방에서 그이와 맞선을 보았는데 부산 날씨는 춥지 않았던 것 같다. 태종대 해안 길을 걸으며 그이가 내게 한 말, "인생은 망망대해를 항해하는 한 척의 배다. 그 배를 함께 타고 인생을 설계해 보지 않겠느냐?"며 투박한 경상도 사나이가 시적으로 청혼할 때, 진실한 그의 눈빛을 보고 청혼을 허락했다. 지금까지 실망스런 일 없이 성실히 살아온 그이다. 삼남매가 학업을 끝내고 결혼까지 했으니 이제는 유유자적 인생을 누릴 일만 남은 나이지만,

"놀면 뭐 할낀데!"

그이가 자주 하는 말이다.

나는 부산에서 하던 일을 계속 할 수 있지만 그이는 사업을 접었으니, 일주일에 한두 번 테니스 치는 일이 전부다. 한 번도 놀아본 일이 없는 그이, 많은 시간을 허송한다는 일이 답답하기만 했을 것이다.

처음에는 막막하기만 했다. 사과 농사를 짓고자 했지만 어떤 일을 해야 하는지도 몰랐다.

2월 말 일꾼들이 와서 사과나무 전지를 하고 떠나간 밭에는 가지들이 많이 쌓여 있다. 그 가지들을 치우는 일을 하고 나니 꽃이 피기 시작한다. 홍로사과는 꽃이 무더기로 오는 것 같다.

사과 꽃 따는 일을 적화라고 한다. 꽃 따는 일이 어쩌면 전쟁과도 같다. 열두 명이나 되는 여인들이 두 사람씩 짝이 되어 한 사람은 사다리를 타고 한 사람은 밑에서 꽃을 딴다. 노래를 부르기도 하고, 허물없이 얘기를 하며 사과 꽃을 따는 모습이 평화롭기도 하고, 사과나무 밑에 무더기로 떨어지는 꽃에게 미안하기도 하다.

"일 많이 하려면 과수원 하라고 했는데 이 일을 어떻게 다하려고 하요."

동갑내기 일꾼의 말이 마음의 짐을 주고 간다. 하지만 어쩌랴. 이미 일은 벌여 놓았으니 부정적인 생각은 버려야 한다.

투아레그족에게는 세 가지 금기어가 있다고 한다.

덥거나 춥다고 말하지 마라.

배고프다고 말하지 마라.

힘들다고 말하지 마라.

그들에게 추위와 더위, 허기와 고통은 인생의 동반자일 뿐이다.

사과작목반 교육에 참석해보니 여성 혼자서도 사과농사를 하고, 한쪽 팔이 없는 사람도 농사를 짓고 있음을 알았다. 내 힘으로만 하는 일이 아니라 일손을 빌리고 기계의 도움 등 다양한 방법으로 농사를 지을 수 있으니 큰 걱정은 하지 않을 것이다.

마른 가지에 잎이 피어나 꽃을 피우고 열매를 거두듯, 주어진 일을 충실히 행할 때 행복도 삶의 가치도 함께 따라오지 않겠는가.

삶

'사람'이라는 말을 생각하면 '삶'이라는 말과 일맥상통하다는 생각이 든다. 삶을 통해서만 사람이라는 말을 들으며 살 수 있기 때문이다. 사람에게는 짐승과 다른 영혼이 존재한다. 그 영혼이라는 존재는 무엇일까. 그 영혼은 내 몸 어디에 숨어 있을까. 내 심장 가운데일까. 내 머리 어느 한쪽일까. 잠들기 전 심장 쪽을 양손으로 모아 가만히 귀 기울여 본다. 두근거리며 심장이 뛰고 있다는 것은 느끼지만 벽에 걸린 시계 초침 소리만

정확하게 들린다. 심장의 무게는 350그램에서 600그램 정도인데, 남자가 여자보다 약간 무겁다고 한다. 보이지 않는 영혼의 무게는 얼마나 될까. 내 몸과 함께 존재했던 비물질적 존재라고 하더라도 작은 무게는 지니고 있을 것이다.

어린 시절 아버지는 사람이 세상을 떠날 때, 그 영혼은 푸른 빛을 발하며 하늘로 올라간다는 얘기를 들려주셨다. 그 말이 정말일까 하는 의구심이 들던 사춘기와 청년기를 지나 그때의 아버지보다 많은 세월을 살고 있는 지금, 어쩌면 영혼은 맑은 물이 되어 흐르다 가고 싶은 곳으로 가는 것이라 믿고 싶다.

귀농한 마을에서 일을 보러 내려갈 때, 차를 타고 오르내린다. 일꾼들 참 준비를 하느라 소재지를 향해 바삐 내려가다 멀리서 어린아이의 걸음마처럼 한발 한발 앞으로 전진하듯 올라오고 있는 할머니의 모습을 보았다. 걷는다고 하기보다 제자리 걸음이다. 부지런히 시장을 보고 올라오다 길에서 지팡이를 짚고 겨우 걷고 있는 할머니를 다시 만났다. 차를 세우고 노인을 태워 그의 목적지에 내려 드렸다. 소재지로 이사를 간지 오래되었지만 비가 오지 않는 날은 매일 두 시간 넘게 걸어서 젊은 날 농사짓고 살던 집터를 찾아온다고 힘겹게 말문을 연다. 오르막을 걷는 일이 숨이 차고 허리가 아프지만, 하루라도 살던 곳을 오지 않으면 밥맛도 없고 잠도 오지 않는다고 한다. 여든다섯의 노구를 이끌고 아침 밥 한술 뜨고 간단하게 점심을 싸서 등에 메고 오르막을 오르내리는 일이 노인의 삶이다. 노인을 찾아가서 그 분의 얘기를 듣고 오는 날은 나에게 작은 위로와 기쁨이 되는 시간이다.

"나는 베푼 게 하나도 없는데 사람들은 내게 차를 태워주고 먹을 것도 주고!"

잠시 짬이 날 때, 잡술 만한 먹거리를 들고 할머니를 만나러 가는 날은 마치 부모님을 만나러 가는 기분이다. 그곳에 가면 작은 동산이 보이고 삼봉산 줄기에서 내려오는 청청한 물을 만난다.

텃밭을 일구며 살았던 가장 행복했던 삶을 반추하기 위해 한발 한발 움직이며 이곳을 찾아오는 일이 노인의 삶이다.

낡아 곧 허물어질 것 같은 빈집 회색 툇마루에 무상무념으로 앉아 오래전 시간을 회억하는 시간이 노인의 삶이다.

죽을 힘을 다해 길에서 쓰러질 각오가 없이는 두 시간이나 넘게 걸리는 이 길을 오르지 못할 것이다. 오직 정신력으로 버티며 젊음이 살아 있던 곳을 향해 한걸음씩 오르막길을 오르는 삶.

칠순을 넘긴 그이와 함께 의논해서 귀농을 결정했지만 사과

밭을 일구며 사는 일은 나 자신과의 힘 겨루기가 필요하다. 스스로 위로하고 일이 아닌 놀이라는 생각으로 해야 할 일이다. 힘들다는 생각이 들 때마다 마음을 곧추세우고 할머니의 걸음을 생각해 본다.

새로 지은 창고에서 첫 농사 지은 사과 출하 작업을 마무리하고 새로 지은 집으로 이사까지 했다.

산 중턱에 자리 잡은 집은 멀리 인월면 소재지가 한 눈에 보인다. 피렌체 아르노 강의 노을보다 더 아름다운 일몰을 바라볼 수 있는 곳, 내가 태어난 고향마을이 한눈에 보이는 동화의 문이 열리는 곳이기도 하다.

막연히 동경하던 곳을 여행하는 설렘으로 새로운 길을 찾아 나서는 일이 삶이다.

지금쯤 노인은 지팡이를 짚고, 작은 봇짐을 등에 메고 삶의 무게를 저울질하며 언덕을 오르고 있을 것이다.

추수가 끝나 넓은 운동장처럼 여유로운 논 자락, 밤송이가 하나씩 떨어지는 밤나무 길을 따라 뒷짐을 지고 마실 가듯 내리막길을 내려가다 우연인 척 그 어른을 만나, 그의 한쪽 팔을 잡고 구부러진 길을 돌아, 맑은 물소리를 들으며 피안의 언덕으로 가고 싶은 한가한 오후다.

고사리 심기

작년 수해로 방천이 난 사과 밭 언덕의 범위가 생각보다 넓다. 4천 평이나 되는 사과밭이 위쪽 아래쪽으로 나뉘어져 있다. 위의 밭은 안전하고 아래 밭은 언덕이 높다 보니 붉은 황토를 드러내고 있어 비가 많이 올까 걱정이다.

처음 밭둑을 조성할 때 돌로 단단하게 언덕을 쌓지 않은 탓도 있고, 워낙 많은 비가 오다보니 언덕이 무너졌을 것이다.

방천이 난 언덕을 복구하는 경비가 많이 들어간다. 자연재

해를 당하면 피해가 엄청나다는 것을 새삼 느꼈다.

먼저 농사를 지은 이웃이 고사리를 심으면 방천을 예방한다는 조언을 해주어 고사리를 심기로 했다.

언덕은 생각보다 가파르다. 그이가 나무막대기 두 개에다 줄을 묶었다. 그 줄에는 매직펜으로 고사리 심을 간격이 그려져 있었다. 막대기를 땅에다 박고 그 줄을 따라 세 구덩이를 파서 고사리를 심었다. 고사리 뿌리를 종근이라고 한다. 고사리 종근을 손에 돌돌 말아 그이에게 건네주면 그이는 구덩이에 종근을 집어넣는 일을 반복하다 보니 요령이 생겼다. 그이는 구덩이를 파고 나는 심어나가니 일에 능률이 생겼다. 하지만 높은 언덕으로 올라갈수록 그 일이 만만치 않았다. 그이는 언덕을 딛고 구덩이를 파고 나는 밑에서 던져주는 방법으로 일을 하는 수밖에 없었다. 햇볕이 따스한 날은 수월하지만 흐리고 바람 부는 날은 힘든 작업이다. 그래도 3시간 정도의 작업은 할 만 했다. 반려견 마음이도 언덕 위에서 흰 털을 바람에 날리며 큰 눈을 뜨고 우리들 일하는 모습을 응원하듯 내려다보고 있다. 일 욕심 많은 주인을 만나 바람 부는 언덕에서 눈을 껌뻑이며 앉아있는 모습이 든든하다.

내일은 봄을 재촉하는 비가 강풍까지 동반한다고 하는데

비오기 전에 하나라도 더 열심히 심어야겠다.

고사리종근을 심으며 한 여인을 생각했다. 황사발원지 마오우쑤사막에 나무를 심은 여인 인위쩐. 그녀의 아버지는 사막에 혼자 사는 남자 바이완상을 불쌍히 여겨 전후사정없이 맏딸인 인위쩐을 사막 한가운데로 데려다 놓고는

“여기가 네 집이다.”

한마디 던지고 집으로 돌아간다.

아무리 울면서 매달려도 들은 체도 않고 왔던 길을 되돌아가는 아버지를 바라보며 통곡했을 여인은 바람 부는 사막 한가운데 홀로 서 있다. 사방이 모래뿐인 사막에서 길을 찾는 일은 쉽지 않았다. 바이완상과 부부의 연을 맺은 인위쩐은 사람이 그리웠다. 황량한 사막에서 살아남기 위한 방편으로 나무를 심기로 작정한 인위쩐을 생각하니 고사리 종근 심는 일이 힘들지 않았다.

눈물로 씨를 뿌리는 자는 기쁨으로 단을 거두리라는 성경말씀처럼 기쁨으로 일을 하리라.

사막에 나무를 심은 여인의 이야기가 더 궁금해진다.

황사의 진원지인 마오우쑤사막에 나무를 심은 인위쩐 덕에 미세먼지가 극성을 부리는 이때에 그나마 그 숲이 있어 얼마나

다행인지 모른다. 사막에 나무를 처음 심을 때는 얼마나 많은 실패를 거듭했겠는가. 실패를 거울삼아 나무를 심었고 또 심어 풀씨를 뿌리며 그 우직함으로 그 끝없는 사막에 희망을 뿌리내리게 한 여인도 있는데 '이까짓 것쯤이야' 하는 마음으로 언덕에 고사리를 심는다. 또 든든한 남편 상범씨도 있지 않은가.

"어이!복임씨. 뭐하노."

잠시 다른 생각을 하면 일의 리듬을 놓치기 십상이다.

"어이 받으시오."

검은 종근에서는 칡즙 같은 흰 물이 나오기도 하고, 벌써 굵은 싹을 틔운 새순이 얼굴을 내밀며 '잘 자랄 테니 걱정 말아요' 하고 눈인사를 한다.

사과꽃 필 무렵

아침 일찍 일어나는 일이 습관이 되어간다. 도회지 생활도 만만치 않았지만 농촌 생활은 더 부지런히 서둘러야 한다. 삼봉산 아래 위치한 상우농장은 아침 일찍 해가 뜬다. 일꾼들을 태우러 용주마을로 간다. 산중턱에서 이어진 내리막길을 달려가면 내가 태어난 용주마을에 닿는다.

7살 아이가 친구들을 만나러 가는 마음이 이럴까. 덕두산을 바라보고 내려오면 그 거대한 삼각산이 움직이듯 따라 내려온다. 신작로를 내려서면 맑은 시냇물을 만난다. 삼봉산 줄기에서 내려오는 물줄기다. 이 물이 지리산 계곡물과 합류해 덕천강, 경호강, 남강과 합류해 낙동강으로 흐른다. 마음은 두고 온 부산 집에 머물다 어느새 고향 마을로 돌아온다.

낙동강이 바다로 합류하는 부산에서의 삶을 접고 이곳에 온지 1개월이 지났다.

흐르는 물을 거슬러 모천으로 회귀한 연어를 닮았을까. 내 영혼 깊은 곳에 자리 잡은 이 강은 어렸을 적 추억들이 모여 있는 기억의 저장고다. 아직도 나를 일곱 살 천진난만한 아이의 마음으로 살 수 있게 해준 고향쉼터를 바라보는 마음은 장날 시장에 가신 부모님을 기다리는 아이가 된다. 깨끗한 한복을 차려 입고 장터에 다녀오시던 모습이 신작로에 흔들린다. 부모님을 기다리며 친구들과 뛰어 놀던 쉼터 막덕거리에는 등 굽은 노송 한 그루와 우람한 느티나무 두 그루가 무상한 세월을 얘기하며 서 있다. 대나무가 흔들리는 고향집을 바라보며 일꾼들을 태워오는 아침, 바쁘지만 여유를 가져보려 애쓴다.

키 큰 포프라가 사열하듯 줄지어 서 있었던 신작로에는 단발머리 어린아이가 학교를 아장거리며 걸어가고, 검은색 교복에 하얀 옷깃을 세우고 학교를 가던 소녀가 얼비치듯 시냇물을 따라 흐른다. 노인으로 늙어가는 일이 아닌, 일곱 살 아이로 다시 태어나게 하는 곳이 이곳이다.

사람이나 동물이나 모두 회귀 본능이 있는 걸까?

우리가 다시 태어난대도 태어난 그 날짜 그 시간을 벗어날 수 없다는 니체의 말이 생각난다. 그는 왜 그런 말을 했을까. 운명을 바꿀 수 없다는 말일까. 그는 운명론자였을까. 아닐 것이다 자기에게 주어진 삶, 현재의 삶에 가장 충실하게 살 때, 우리의 운명도 바뀌어 진다는 뜻으로 해석하고 싶다.

여기 와서 손이 많이 거칠어졌다. 색깔도 거무죽죽하다. 그래도 오래 이곳에 사는 시골 아낙들의 손 보다는 덜 검다. 사과밭에 일하러 온 여러 아낙들 중 한 두 사람만 남편과 함께 산다. 젊은 나이에 세상을 떠나기도 했고, 불과 몇 년 전에 사별한 이도 많다. 부부가 해로하며 사는 일이 큰 복이라는 것을 알게 해준다.

"지금 집에 가면 사람 소리 나는 집은 상철이댁 한 분 뿐이네."

우리 사과밭에 아침 7시에 와서 저녁6시까지 일을 하고도 집에 가서 할 일이 많다고 한다.

"해가 아직 중천인데 고사리도 따서 삶아 말리고, 채소밭도

둘러보고 할 일이 태산이제."

오직 일을 하기 위해 세상에 온 것처럼 부지런한 시골 아낙네들 중 제일 왕언니는 내년이면 팔순이다.

내가 일꾼들을 위해 하는 일은 8시 30분에 아침 겸 참, 12시에 점심, 3시30분에 오후 참을 내 주고 나면 할 일을 다 했다 싶은 안도감이 든다. 그래도 집에 가면 설거지가 태산이다. 아직 사과밭에 창고와 집이 완성되지 않아 임시 거처하는 집에서 음식을 하고 다른 그릇에 담아서 사과밭 두렁에 자리를 깔고 새참과 밥을 먹어 왔다.

창이 넓은 창가에 앉아 드넓은 바다를 바라보며 향기로운 차를 마시며 책을 읽기도 하고, 아름다운 음악을 들으며 친구와 담소를 나누고 싶은 생각이 들 때도 있다.

어쩌면 내가 아닌 다른 사람이 되어 새로운 삶을 살고 있는 것 같다. 하지만 이곳에서 새로운 기회를 다시 한 번 갖게 된 것이다. 내가 선택한 사과 밭을 가꾸는 일이 새로운 기회이자 또다른 삶이다.

멀리서 보기엔 그저 낭만적으로 보였는데, 사과밭의 하루는 그리 녹록치 않았다. 하지만 가족과 함께 서로의 지혜와 힘을 빌리면 그렇게 힘만 드는 일은 아닐 것 같다. 붉게 물드는 노을을 바라보며 두 손을 모을 수 있는 이 곳, 상우리 사과 밭을 사랑하며 잘 가꾸어 보련다.

얼마 전에 사과밭에서 첫 수확을 얻었다. 애써 가꾼 노력이 열매를 맺었다. 뿌린 대로 거둔다는 옛말이 있듯이 자연의 섭리는 거짓말을 하지 않았다. 제대로 가꾸지도 않고 튼실한 수확을 얻고자 함은 가당치 않은 욕심일 뿐이다. 지인들에게 첫 결실을 나누어주고 사과를 잘 키웠다는 칭찬을 들었을 때, 폭염에 흘린 땀방울과 잠시도 쉴 틈 없었던 하루하루의 피로가 한꺼번에 모두 씻겨가는 듯 했다. 이제 내 꿈나무에도 자신감이라는 꽃망울이 올망졸망 맺혀간다. 내년 봄 끝자락에 사과꽃이 활짝 펴서 주먹보다 더 큰 사과들이 주렁주렁 열리면 내 꿈도 그 키를 키워갈 게다. 아마도 사과꽃과 함께 나의 남은 생도 이곳에서 쉼 없이 꽃을 피워낼 것 같다.

일꾼들이 사과 밭에 도착하면 차 한 잔 대접하고 나면 그이는 일꾼들에게 오늘 일 꺼리를 부탁하면 그들은 숙련된 몸짓으로 긴사다리를 들고 사과나무 골로 향한다.

적과

무수히 많이 열렸던 사과 꽃을 따고 한송이 남겨둔 꽃에서 콩 만한 사과 열매가 대 여섯 개가 열려 있다. 어떤 곳에는 두송이 꽃이 열 개도 넘는 열매가 붙어 있다. 가장 튼실한 정과 하나를 남겨두고 가위로 잘라내는 일이 적화 다음으로 하는 적과다.

툭 툭 소리를 내며 떨어지는 사과 열매들을 바라보며 내 속에 가지고 있던 많은 것들을 버리는 연습을 한다. 얼마나 많은 것 들을 버려야 튼실하고 멋진 사과로 익어갈까. 먹음직한 사과 하나를 달기 위해 수 많은 사과 열매들이 가위질에 떨어진다.

달 가듯

강더위도 물러가고 구름 속에 얼굴을 내민 열나흘 달. 구름과 함께 부지런히 어딘가로 떠나고 있다. 며칠 전 열하루 날이 어머님 생신이었다. 옛날엔 명절이나 제사 때가 되면 많은 음식을 준비해서 동네사람들과 나눠먹었다. 마음먹기에 따라 행복할 수도 있으련만, 그 일들이 부담스럽기만 하던 젊은 날, 결혼 삼년을 넘기고 지병으로 세상을 떠나신 아버님 기일이 칠월 초엿새. 그 날은 동네 분들과 음식을 나누어 먹을 만큼의 양을 준비해야 하니 책임이 막중했다. 한 더위에 시장을 보고 하루만에 음식을 준비해서 저녁에 제사를 모시고 늦은 시간 가족들과 젯밥을 나누어 먹는다. 그 다음날 동네 분들과 아침부터 저녁때까지 음식을 대접해야 하는데 그 일이 만만찮았다. 제사가 끝나고 나면 병치레를 하던 내 몸은 녹초가 되어 있었다. 곧이어 어머님 생신이 열하루 날이다 보니, 기쁜 마음으로 어머님 생신을 준비할 수가 없었다.

내가 그런저런 일들로 힘들어 하던 때 어머님의 팔순을 맞고 보니 미역국에 나물로 생신 상을 대신하고 우리부부는 어머님을 모시고 드라이브를 하며 하루를 보냈다. 몸도 마음도 느슨해져서 누구의 간섭이나 눈치를 보지 않아도 되는 시기가 돌아온 것이다.

벌써 오래전 일이다. 그날이 어머님 생신인데 형제들이 사정이 생겨 모이지 않자, 그이와 어머님의 고향마을을 찾은 적이 있었다.

어머님의 고향은 학산이라는 마을이다. 고불고불 고샅길을 지나 작고 예쁜 마을에는 어머님의 어린 시절이 고스란히 남아 있었다. 사라진 집터 어디쯤에선 야무지고 바지런한 소녀가 금방이라도 튀어 나올 것 같았다. 팔남매의 맏딸이었던 어머님은 외할머니의 오른팔과 같았을 것이다.

"철들면서부터 보리가 익을 무렵이면 보리를 베어와 밥을 했던 일이 제일 힘들었재."

어머님은 어릴 적부터 동생들 끼니를 챙겼던 바지런한 분이라 나처럼 약한 며느리가 마음에 들리 만무했으리라. 그 와중에 시들시들 아프기까지 했으니 오죽 답답하셨을까. 외할머니는 귀하게 커서 힘든 집에 시집온 연약한 여인이였다면 어머님은 당차고 야무진 맏딸이었다. 어머님에게도 아름다웠을 소녀시절이 있었다는 생각과 그때의 모습을 상상해보니 흥미로웠다.

그 후로는 집에서 힘들게 음식을 하는 것보다 더위를 피해 어머님을 모시고 드라이브를 하며 맛집에서 음식을 먹었던 일이 지혜이기도 했고 한편의 추억이 되기도 했다.

어머님과 제주도 여행 중 바람구멍처럼 보이던 현무암이 마치 어머님의 뼈 엉성증 같아 보여 한편의 어설픈 시를 썼던 일, 해녀가 바다에서 잡은 큰 문어와 전복을 사서 요리를 해 먹으며 함박웃음을 웃게 해드린 기억이 난다.

어머님 젊었을 적에 동네 친구가 금반지 목걸이를 아들네가 해주었다고 자랑을 하니, 그것을 몹시 부러워 하셨다. 궁리하다 아이들 삼남매 돌반지 모아 둔 걸로 목걸이와 반지를 제법 묵직하게 만들어 어머님께 드렸다. 몇 년이 지나 반지랑 목걸이가 보이지 않았다.

"어디로 갔는지 안 보인다."

어머님의 말씀이 섭섭했지만 어쩌랴. 내게 보석과 패물은 애초에 인연이 없는 것이었나 보다.

기쁜 마음으로 드렸으면 그것으로 족한데, 잃어버린 어머니 마음은 오죽 쓰렸을까. 형편이 어려운 자식에게 주기라도 하셨다면 아쉬움은 덜하지 않으셨을까. 부모에게는 아픈 손가락이 있다고 하지 않던가.

이런 저런 일도 이제는 달 저편으로 함께 흘러간다. 며칠 전부터 죽도 못 드시고 말문도 닫으신 어머님은 감은 눈도 못 뜨신다. 산소호흡기에 의지해 들숨과 날숨을 쉬고 계실 뿐이다. 마지막이 될지도 모르는 어머님 손을 잡고 기도를 드렸다. 손도, 가슴도 따뜻하다. 칠남매에게 생명을 전한 큰 가슴을 처음 만져 보았다. 따스한 기운이 내손으로 마음으로 전해진다. 평생 푸성귀를 만지며 그 검푸른 풀물 배여 있는 억센 손, 이제는 손톱 밑에 남겨진 검은 흔적마저 지워진 연약한 어머니의 손을 마지막으로 잡아 본다.

이사 가는 금붕어

망양로 170번길 좁은 골목을 따라 오르면 철 대문들이 녹슬고 고양이마저 떠나가는 동네가 있다. 그 동네의 작은 대문에는 '철거'라는 붉은색 글이 춤을 추듯 동네를 흘리고 다닌다. 오랫동안 살던 집을 지키고 싶었던 노인들이 한 집, 두 집 떠나가고 몇 집 남지 않은 언덕진 동네. 낡고 허름한 집이 대부분이고 제법 살만한 집도 있었지만 개발논리와 사업성 앞에서는 버틸 수가 없었던 모양이다.

가끔씩 이곳을 둘러보는 날은 마음이 낮아지며 내가 가진 것이 너무 많다는 생각을 하며 내려온다. 어느 달 밝은 밤, 골목과 맞닿은 창으로 들리던 '가랑잎이 휘날리는 전선의 달밤'은 노병이 부르는 마지막 노래처럼 애닯게 들려왔다.

그 동네 살던 어머니뻘 되는 어른들은 시골로, 요양원으로 한 분 두 분 떠나셨다. 양지쪽에 모여 작은 것이라도 나누어 드시던 그 분들은 고향도 모두 달랐다. 전쟁 중에 북녘에서 피난 온 분, 제주에서, 해남에서, 청도에서 온 분들이 강산이 몇 번 변한 세월을 함께 살아오셨다. 김치나 시골에서 가져온 머위 한 묶음에도 고마워하시며 눈시울이 뜨거워지던 어른들이 떠나간 텅 빈 동네. 전쟁의 황폐함이 이럴까.

인적이 끊긴 좁은 골목에서 바라보는 동쪽 하늘의 반달은 시리고 푸르게 보인다. 다행히 나와 동행해주는 반려견 마음이가 있어 겁도 없이 밤길을 걷는다.

마지막 남은 금붕어집 대문을 두드려 본다.

"우짜면 좋누, 저것들을 두고 내만 어찌 이사를 가겠노……."

어둠에 덮힌 연못을 쳐다보며 할머니의 푸념이 이제는 울음소리에 가깝다. '마음이'를 보고

"니는 복덕방에 푹 빠졌다. 니가 제일 부럽다."

"할머니, 걱정 마세요. 제가 어떻게 해 볼게요."

말은 쉽게 했지만 그 일의 해결사 노릇은 쉬운 일이 아니다. 금붕어를 키울 만한 장소가 생각처럼 쉽게 나타나지 않았다.

지난 봄부터 금붕어 살 곳을 부탁하던 할머니께 자신있게 대답했지만 차일피일 미루다 일이 코앞에 닥치고 말았다.

할머니 댁을 처음 방문했을 때, 대문 입구 마당은 좁고 뒤란이 넓은 집에는 새잎을 펼친 태산목, 감나무, 가죽나무들의 그림자가 작은 연못 속에 비치고 있었다. 한반도 모양의 작은 연못에는 금붕어 가족이 무리지어 노닐고 있었다. 황금색, 흰색, 붉은색의 금붕어들이 수초들 사이로 꼬리를 흔들며 유영하는 모습이 잠시 현실을 잊게 만들었다. 꽃잎이나 나뭇잎이 연못에 떨어지면 뜰채로 잎을 건져내는 할머니의 모습은 동화 속 풍경이었다. 토종자두 풍개가 익을 때면 담을 넘어온 가지에 주저리 열려 입에 침이 고이게 만들던 풍개나무 잎이 연못으로 떨어지고 있었다.

"우리 양반이 학교 교장을 했제. 그때부터 이 녀석들과 함께 살았으니 30년도 더 넘었네."

할머니 눈에는 먼저 가신 할아버지 생각이 일렁이고, 붉은색, 황금색, 흰색이 어우러진 금붕어들이 긴 꼬리를 하늘거리며 연못을 유영하는 모습이 신선이 노니는 것처럼 한가로웠다.

한가롭게 유영하는 금붕어들을 자세히 보니 한쪽 배가 풍선처럼 부른 녀석들이 보였다.

"금붕어도 이제 늙어서 그렇재. 탈이 난기라 아무래도 배가 부른 놈들은 오래 못갈 기라."

정말 놀랍다. 이렇게 큰 금붕어가 있다니. 처음 볼 때 잉어인 줄 알았는데 잉어보다 꼬리가 유연하고 길다.

집을 방문할 때마다 금붕어들의 소식을 들었다.

"자식을 땅에 묻는 마음이었재. 하루는 물에 떠오르는 것을 뜰채로 떠서 돌에 올려 두고 전화가 와서 받는 사이에, 고양이란 놈이 물고 가는데 잡을 수도 없었네."

"너무 마음 아파하지 마셔요. 배고픈 고양이 먹이가 되어 준 것도 큰 베풂이지요."

"그렇제."

무더운 여름을 지나며 배불뚝이 다섯 마리는 하나 둘 연못을 나와 땅에 묻혔다.

주먹만한 감이 붉게 익어가고 태산목 잎이 떨어지는 날 우리 식구들이 출동했다. 마음이도 금붕어가 신기한지 꼬리를 흔들며 연못 주위를 맴돈다.

듬직한 그이를 보며 할머니는 오랜만에 아들이 온 것처럼 반긴다.

"모레 이사를 가야하는데 걱정이 태산이더만."

나 혼자 걱정하던 일을 그이의 힘을 빌리니 일도 아니다. 커다란 양동이에 연못의 물을 담고 뜰채로 한 마리씩 떠 올렸다.

"가자, 가자, 금붕어야. 우리도 이사 가자 살기 좋은 곳으로."

연못이 어디에 있을까 걱정했었는데 그이는 답답하다는 듯이 말했다.

"경남고등학교에 연못 있는거 모르나!"

"아이고 내 눈은 왜 이렇노!"

넓은 학교 연못에 금붕어 식구들을 풀어준다. 각양각색의 금붕어가 푸른 수초 사이로 몸을 숨기며 사라져 가는 모습이 마치 황금마차를 타고 푸른 하늘로 올라가는 모습이다. 큰 숙제를 풀었다.

거름더미

올여름은 유난히 덥다. 우리나라가 기상관측을 시작한 1880 이후 가장 무더웠던 여름이라고 한다. 지구촌 역사상 가장 더웠다는 여름을 보낸 우리는 대단한 사람들이다.

우리 집 먹성 좋은 반려견 마음이도 입맛을 잃을 정도였다.

저녁이면 귀뚜리 울음소리를 자장가 삼아 잠을 청하는 여름의 끝자락이다.

유년의 고향집 마당에서 올려다 본 밤하늘엔 셀 수 없는 푸른 별들이 반짝이고 있었는데 그 많던 별들은 다 어디로 갔을까. 매캐한 모깃불 연기는 하늘 끝에 닿을 듯 마당 한 가운데서 피어올랐고, 달 속에 비치는 계수나무 아래 떡방아를 찧고 있는 토끼의 모습이 마치 내 모습인 듯 상상의 나래를 펼치고 있을 때, 아버지의 퉁소 선율은 알 수 없는 슬픔을 몰고 왔었다.

마당 한편에는 거름더미가 작은 언덕처럼 쌓여 있었다. 거름더미 위에는 내가 먹다 버린 옥수숫대, 복숭아 씨, 수박 껍질, 아버지가 베어다 놓은 풀, 부엌에서 나오는 푸성귀, 겉잎사위들의 집합장소였다.

겨울에는 하얀 눈이 쌓여 커다란 무덤 같았다. 이른 봄이 되면 잘 썩은 거름이 되어 밭으로 실려 나갈 때 쿰쿰한 냄새에 코를 잡고 고개를 돌리곤 했었다.

젊은 시절부터 우리부부는 마당이 있는 주택에 살기를 원했다. 우리가 지었던 상가주택을 정리하고 마당이 있는 동대신동 주택으로 이사를 왔다. 그이는 마당에 푸른 잔디가 기품 있게 자라기를 원했다. 시간만 나면 잔디밭에 잡초를 뽑으며 정성을 들였다. 나는 빈 땅만 보이면 취나물도 심고 상추라도 몇 포기 더 심었다. 몇 년을 줄다리기를 하다 내 속내를 안 그이는 봄이면 모종을 사다 화분에도 심고 화단에도 심어둔다.

큰 나무들이 자리 잡고 남은 땅이래야 얼마 되지 않는다. 그래도 고추 몇 포기, 가지, 오이 몇 그루를 키우는 재미가 쏠쏠하다.

직접 기른 채소나 열매를 먹는 기쁨도 크지만, 음식물쓰레기를 유용하게 활용하는 일이 더 뿌듯하다. 하루에 두세 번 나오는 과일 껍질이나 요리 후에 나오는 부산물들을 식물 옆에 묻어준다. 얼마 후 그 땅을 파보면 찌꺼기들은 어디로 사라지고 딱딱하던 땅도 부드러워져 있다. 흙속에 지렁이도 생기고 많은 미생물들이 살아가고 있다는 증거였다. 하루는 호미로 땅을 파다 잘못하여 지렁이의 몸뚱이가 두 동강 난 걸 보고 어찌나 놀라고 미안했던지, 그 후로는 꽃삽으로 조심스레 땅을 판다.

우리 집 마당 한쪽에도 거름 무더기가 있다. 뽑아도 계속 나오는 잡초들을 한데 모아 두기도 하고, 나뭇잎이나 채소를 다듬고 나온 우거지들을 모아 두는 더미다. 겨울을 지나고 나면 발효가 된 쓰레기 더미의 높이가 낮아지며 다시 그것들은 자연으로 돌아간다.

음식찌꺼기를 땅으로 모두 묻은 날은 나 스스로 만족해 한다. 내가 오늘 살아온 흔적이 세상을 오염시키지 않고 모두 자연으로 되돌아갔구나 하는 생각으로 뭔가 큰일을 해낸 것만 같다.

내가 하는 작은 일 하나가 나무에게 거름이 되고 그 나무가 작은 그늘을 만든다면, 또한 주렁주렁 열매까지 맺어 그 열매를 수확하는 기쁨까지 맛본다면 이보다 더 보람된 일도 없을 것이다.

지구촌이 폭염에 지쳐가고 있는 팔월, 거름더미에서 나던 쿰쿰한 냄새를 생각한다. 거름은 썩을수록 냄새가 향기롭다는 어른들의 얘기가 이해가 되는 나이가 된 걸까.

이 폭염의 원인은 우리들 마당에 거름더미가 사라진 일과 무관하지 않다는 생각이 드는 건 나만의 생각일까.

그 거름더미는 우리의 무덤이자 요람이었다. 어떤 씨는 죽고 어떤 씨는 다시 태어나는 생명의 근원이 거름더미가 아니었을까.

"알 속 아가야, 날씨가 더우니 몸무게 줄여."

어미 새가 노래를 불러 알속에 든 새끼에게 '온난화에 대비하라' 고 유도한다는 사실이 학술지 '사이언스' 8월 19일자에 발표되었다고 한다.

작은 새 금화조의 노래 소리에 알 속의 아기 새도 몸무게를 줄인다는데 나는 어떤 일로 지구촌의 온도를 낮추어 볼까 궁리해본다.

내가 부르는 노래

피아노 위에는 한국 가곡 100곡집 이라는 책이 있다. 색은 바래고 책 모서리는 테이프로 겹겹이 붙여져 있다. 그 시절의 책들은 대부분이 없어졌지만 지금 남아있는 책들을 보면 오래된 친구마냥 정겹다.

요즘 좋은 가곡집도 많이 나온다. 하지만 이 책은 고향을 떠나온 나에게 기쁨과 슬픔을 함께 나누던 책이다. 틈만 나면 교회당에 가서 찬송가 보다 많이 불렀던 우리 가곡들. 그 주옥 같은 노래 중에 유독 망향을 좋아한다. 박화목 작사, 채동선 작곡의 이 곡은 90년 전에 만들어진 곡이다.

원래는 정지용의 시에 곡을 붙였던 곡이다. –고향에 고향에 찾아와도 그이던 고향은 아니러뇨– 로 시작된다. 그 후에 개사된 노래가 –꽃피는 봄 사월 돌아오면– 으로 시작되는 박화목의 시 망향이다.

이 노래를 부르면 가슴 깊은 곳에서 뜨거운 그 무엇이 울렁이는 것 같다. 울고 싶을 때 울기 위한 처방전인지도 모른다. 이 곡은 느리고 쓸쓸한 단조의 곡이다. 작곡자가 느리고 멜랑꼴리하게 부르라고 악상 지시까지 되어있는 이 곡은, 그 당시의 민족적 울분과 애국을 노래로써 표현한 울부짖음이라 할 수 있다. 특히 가슴에 와 닿는 부분이 –그대가 있길래 봄도 있고 아득한 고향도 정들 것일레라– 이다.

세번째 가사가 이은상 시 '그리워'이다. 이 곡은 가을에 부르면 그 정취가 대단하다.

> 그리워 그리워 찾아와도 그리운 옛님은 아니 뵈네. 들국화 애처롭고 갈꽃만 바람에 날리고 마음은 어디고 붙일 곳 없어 먼 하늘만 바라본다네 눈물도 웃음도 흘러간 세월 부질없이 헤

아리지 말자. 그대 가슴엔 내가, 내 가슴엔 그대 있어 그것만 지니고 가자꾸나. 그리워 그리워 찾아와서 진종일 언덕길을 헤매다 가네.

채동선, 정지용, 박화목, 이은상은 100여 년 전 이 땅에 태어난 선구자들이다. 먼 이국에서 빼앗긴 조국을 그리워하며 이 곡과 시를 썼으리라.

작곡가 채동선의 얼굴을 알고 싶어 자료를 찾아봤으나 사진을 찾을 수가 없었다. 전남보성 출신으로 일본 와세다 영문과 졸업, 작곡가, 바이올린 연주가, 베를린 유학을 했던 분이다. 작곡자의 누이인 채선엽이 일본 도쿄에서 이 곡을 처음으로 불렀다고 한다. 세 사람의 시인이 가사를 붙인 것을 보면 이 가곡이 우리 민족의 정서에 얼마나 깊이 스며있는지를 알 수 있다. 얼마 전 세계적인 소프라노 조수미 씨가 불렀던 우리가곡집 새야 새야 중에 나오는 망향을 들으며, 세계 곳곳에서 음악을 사랑하는 사람들이 우리의 얼이 깃든 이 노래를 들을 것을 생각하니 가슴 뿌듯했던 기억이 난다.

가끔 노래를 부르고 싶을 때 피아노 앞에서 부를 때보다 일을 하면서 부르기를 좋아한다. 설거지를 하면서 그릇을 하나 하나 헹구며 부르기도 하고, 행주로 구석구석 닦으며 부르기도 한다. 그러다 보면 일이 금방 끝난다. 더 감동적으로 부르고 싶을 땐 목욕탕에서 빨래는 헹구며 부르기도 한다. 그럴 땐 남몰래 흘리는 눈물이 되곤 한다. 거울 속의 울고 있는 여인을 보며 '그대는 왜 울고 있나요? 아무도 당신을 울리는 사람이 없잖아요. 당신은 울기위한 구실로 노래를 부르는군요. 참 알 수 없는 사람이군요' 하며 내가 웃으면 거울속의 그 여인도 눈물을 감추며 '언제 내가 울었소. 지금 나는 웃고 있지 않소.' 한다.

참으로 난 알 수 없는 사람이다. 왜 이리 감상적이지? 아버지 유전인자를 받은 탓인가? 아이들에게 어쩌다 들키는 날이면 멋쩍어지곤 한다. 자주 이러는 건 아니다. 가슴이 울적할 때 한 번씩 혼자 해보는 연극일 뿐이다.

무화과나무

작은 무화과 한 그루를 어디다 심을까. 창문을 열면 목련나무 한쪽이 보이고 종려나무가 보이는 그 중간에 심으면 어떨까. 혼자 구상해 보아야 헛일이다. 내가 할 수 있는 일이 아니라 그이의 힘을 빌려야 하고 그이의 의중이 중요하기 때문이다.

지난 가을, 아파트로 이사 간 지인이 살던 집에 나무 몇 그루를 두고 왔다며 가져다 키워 달라는 부탁을 받았다.

을씨년스런 겨울 날 주인이 떠난 빈집을 찾았다. 마치 추워

떨고 있는 아이들 같은 나무 두 그루를 차에 싣고 왔다. 겨우내 잠자듯 서 있던 나무는 이른 봄 꽃 한두 송이가 피어나며 건재함을 알린다. 그런데 한 그루의 나무는 움이 틀 생각을 하지 않고 마치 마른 나뭇가지처럼 만지면 부러질 것 같은 모양새다. 가지 하나를 얻어 화분에 심은 게 싹이 돋고 열매도 열렸다며, 지난 가을까지 잘 자라던 나무라고 하던 얘기가 생각나 신경이 쓰인다.

무화과 잎처럼 푸르던 젊은 날, 부산에 와서 부모님과 살던 곳이 어린이공원이 있는 동네였다. 집 앞으로는 텃밭이 있고 집 뒤로는 작은 계곡물이 흐르고 있는 곳이었다. 판잣집이라 부르면 좀 서글프고 통나무집이라 부르면 살짝 멋스럽게 들리는 듯한, 일본인이 살다 남겨둔 이층집 네 채가 나란히 자리 잡고 있었다. 집 앞에 무화과나무가 한 그루씩 자리를 잡고 한 폭의 풍경화처럼 푸르게 흔들리고 있었다.

세월의 흔적처럼 기왓장 같은 색으로 변한 나무집은 오래된 그림처럼 보이곤 했다.

옆집에는 짓궂은 소년이 이층에 살며 휘파람을 불기도 하고 기타를 치며 자신의 존재를 알리곤 했다. 책을 손에다 들고 다니며 빌려 주기도 했는데, 내 수준에는 그 책이 이해가 되지 않아 늘 그림의 떡 같은 책이었다.

무화과가 익어 가면 달콤한 향이 입에 침이 고이게 했다. 성급한 내 성격 탓에 우리집 열매는 다 익기도 전에 맛본다고 따고 조금 더 익으면 궁금해 따다 보니 제대로 된 맛을 보지도 못하고, 잘 익은 무화가 열매가 달린 옆집 나무들만 바라보던 때가 있었다. 늘 갈급하고 아쉬움이 많았던 그때, 옆집 잘 익은 무화과들은 약을 올리듯 과육이 벌어지며 단내를 풍기고 있었다.

고향에서의 풍부하던 과실들이 눈앞에 아른거리며 시골에서 한 번도 들어보지 못한 이찌지쿠가 밉기도 했다.

푸른 산돌배 같은 열매를 매달고 있는 나무를 바라보면 무엇인가 이루고자 집착하고 있던 젊은 날의 내 모습이 숨어 있는 것 같다. 내 재능이나 노력보다 더 큰 성공과 결과를 기대하며 마음 졸이던 때 덜 익은 무화과의 하얀 즙처럼 숨기고 있던 내면의 상처를 보는 것 같았다.

많은 열매를 매달고 있던 나무는 힘에 겨워 열매를 떨어뜨리며 나무 밑에서 말라가는 열매들은 이루지 못한 꿈들이 소멸되어가는 아픔을 느끼던 때, 무화과 잎은 무성히 바람에 날리고 있었다.

떠나온 고향 집 뒤란에 흐드러지게 열던 풍개, 살구, 배, 사과, 감들이 꿈속에 나타나기도 하고 가을에 무수히 떨어지던 밤나무 밑에서 밤을 줍는 상상을 하며 향수병에 시달리곤 했다.

무화과가 익어가는 계절이 되면 광복동에 가고 싶어진다. 그곳에 가면 잘 익은 무화과 빛의 얼굴의 여인이 무화과를 팔고 있다. 단골손님이라며 한두 개 덤을 주곤 한다. 남편에게 돌아갈 몫도 없이 오는 도중에 다 먹고 오기도 하고, 양심은 있어 한두 개 남겨오기도 한다. 무화과에는 당분이 높아 칼로리가 엄청 높다고 하는데 아무도 몰래 혼자 먹은 무화과 덕에 이렇게 통통해 진 것 같아 내 몸에게 미안해지기도 한다.

아담과 하와가 선악과를 따 먹고 눈이 밝아져 부끄러운 부분을 무화과 잎으로 가렸다는 성경 최초로 등장하는 식물이 무화과다. 꽃이 피지 않는다고 붙인 이름이지만 과육이 벌어질 때 보면 무수한 꽃이 씨방처럼 과육 안에 숨어있는 것이 신기하다. 감추던 속내지만 열매가 익어 갈 때면 그 속내를 어쩔 수 없이 보이고 마는 첫 사랑 같은 열매다.

나무 둥지를 분재처럼 엮어 지붕으로 올라가도록 키우는 솜씨 있는 이웃이 있다. 구불구불 올라가는 둥지를 보면, 인류 최초의 여인 하와 곁에서 선악과를 따먹게 충동질 하던 뱀의 몸통처럼 보일 때가 있어 섬뜩해 질 때가 있다.

늦은 봄 모란이 피어나 명주결 같은 꽃잎을 휘날릴 때, 죽은 듯한 나무에 새순 하나가 움트고 있다. 병약한 지인에게 소식을 알려야 할 것 같다. 병중에 그 나무를 보며 많은 위로를 받았다고 했는데, 두고 간 나무를 걱정하던 그녀가 이 소식을 들으면 환히 웃을 것 같다.

이제는 제법 아기 손처럼 앙증스러운 손바닥을 펼치고 있다. 가지가 무성해져 열매가 주렁주렁 열릴 날을 기대해 본다.

일 잘하는 남자

귀농한지 40여일이 지났다. 부산은 지금 벚꽃이 함박눈처럼 휘날리고 있을 터인데 상우리의 봄소식은 느리기만 하다. 꽃망울들이 야문 콩처럼 돌돌 말려 언제 웃음을 터트릴지….

마음이 스산하여 밤중에 창문을 열면 먼 어느 나라처럼 흰 눈이 펄펄 나리는 저녁 대신동집이 눈앞에 탑처럼 서 있다. 지금쯤 부산 집에는 비단결 같은 모란 잎이 흔들리고 어여쁜 꽃송이가 줄기 끝에 뾰족한 입술을 내밀고 있을 때다.

소녀시절 고향을 떠나 부산 살 때는 밤마다 향수병에 시달리곤 했었다. 50여년을 살았던 부산이 그리워지는 건 살아온 세월과 삼남매의 고향이 그곳이기 때문이다.

이곳 이웃분의 말이 상우윗길에 벚꽃이 피고 열흘정도 되면 홍로사과 꽃이 핀다고 했으니 날이 가면 꽃은 시나브로 피어나리라.

그이는 추운날도 진눈깨비가 오는 날도 사과 밭으로 나간다. 늘 함께 갈수도 있지만 특별한 일이 없는 날은 따뜻한 차를 보온병에 넣어 한두 번씩만 밭에 다녀온다.

홍로사과밭 사천 평, 천삼백 그루를 키우는 일이 어떤 일인지 아직은 모른다. 2월에 가지를 치고 거름과 비료, 영양제를 살포했다. 사과나무를 먼저 심어 가꾸던 분의 가르침을 그이는 잘 따르고 있다. 작년에 두 번째 수확을 했을 때 품질 좋은 사과를 많이 생산한 선배를 따르는 게 순리 인 것 같다.

이른 아침에 베란다 창문을 열면 인월면 소재지가 한눈에 보이고 드넓은 사과 밭이 펼쳐진다. 보지 않으려고 해도 그이의 일하는 모습이 아련히 보인다. 어떤 때는 구부려서 풀을 뽑고, 어떤 때는 아예 흙 밭에 앉아 풀을 뽑고 있다. 주위 분들이 아직 초보라 풀을 손으로 뽑지만 나중에 풀이 많이 자라면 예초기로 베어주면 된다고 얘기한다. 하지만 그이의 생각은 다르다.

'쑥 뿌리나 클로버 뿌리가 사과나무의 잔뿌리를 감으면 얼마나 답답하겠느냐'며 자기의 생각대로 나무 옆에 난 잡초 뿌리를 직접 뽑아주는 일을 하고 있다. 쳐다만 보아도 힘든 일이라 생각되지만, 하루에 백 그루 정도 나무 주변의 잡초를 뽑아내니 열흘 넘게 하면 끝이 난다며 가볍게 얘기하는 그이다. 그는 너털웃음으로 어물쩍 넘어가지만, 함께 사는 나의 일이 만만치 않음을 느끼는 순간이다.

베란다 너머 땅에 꿇어 엎드려 풀뿌리를 캐고 있는 그이를 보면 영국 시인 워즈워스의 말이 떠오른다.

'지혜는 우리가 몸을 곧추세울 때보다 굽힐 때 가까이에 있는 경우가 더 많다.'

어쩌면 농사일은 그이에게 천직인지도 모른다. 곧이곧대로 살고자 하는 그의 천성은 나무나 식물의 이미지와 많이 닮았다. 좋게 보면 성실하고 선의의 거짓말도 하지 못하는 사람이다. 세상잣대로 보면 융통성이라고는 찾기 어려운 성미라 답답하기도 하다.

유년의 아픈 기억들이 그를 부지런하게 만들었는지도 모른다. 농사가 많은 이웃들이 풍성한 가을을 추수할 때에 변변치 않은 가정의 장남이었던 그의 허한 마음은 가을의 넓은 들판에서 수확을 하고 있는 자신의 모습을 상상하였으리라.

젊은 시절 그이는 책 도매업을 하고 나는 책방을 했다. 삼남매를 키우며 몸이 허약했던 나는 꿈을 자주 꾸곤 했었다. 기억도 못하는 꿈을 꾼 적도 많았지만 지금도 뚜렷하게 기억하는 한 가지는 그이가 소를 몰고 쟁기질을 하며 나는 그 뒤를 따르는 꿈이다. 그 모습이 너무 행복하게 각인되어 내가 언젠가 농사를 짓게 되지 않을까 하는 꿈을 가져보기도 했었다.

그러고 보니 40여 년 전 우리부부의 결혼식 때 성악가 노성철님이 불러준 노래

– 앞산과 시내는 예같이 흐르고... 총각은 밭 갈고 처녀는 베 짜서 기쁘게 살도록...– '오라'가 들려오는 듯하다. 그러고 보면 무슨 일의 시원은 우연히 일어나는 게 아니라 내 속에 잠재하고 있던 생각들이 모여서 이뤄지는 것이 아닐까.

작가 박경리 선생님의 시 제목처럼 '일 잘하는 사내'를 만났으니 나는 무얼 할까. 며칠 전 방천이 난 벌거벗은 황토 언덕에 수선화를 심는 일을 시작했다. 작은 오빠 집에 무더기로 돋아난 수선화를 캐다 한 뿌리씩 언덕에 심었다. 수선화가 하늘거리며 황토 언덕을 덮는 날, 김동진의 수선화를 목청 높여 부르고 싶다.

'그대는 차디찬 의지의 날개로 끝없는 고독의 위를 날으는 애달픈 마음~~'

바람이 분다. 작지만 소중한 생명들은 늘 이렇게 바람에 흔들리며 튼튼한 줄기를 얻고 파릇파릇한 잎을 흔들어 살아 있음을 보여주고 있다. 옮겨 심은 수선화가 하얀 꽃을 피울 때까지 우리집 '일 잘하는 남자'는 수선화 언덕을 쉼 없이 오르락내리락 할 게다.

정주定住와 탈주脫走의 글쓰기

-김복임의 수필 세계

허상문

(문학평론가, 영남대 명예교수)

1. 들어가며

작가가 당면하게 되는 사물 혹은 세계에 대한 탐구는 상이한 선택을 수반하는 '이접'과 다양한 요소들이 결합하는 '통접'으로 이루어진다. 이러한 요소들이 함께 이루어지게 될 때, 한 편의 문학텍스트는 올바른 문학적 형상화를 이루게 되고 새로운 의미를 생성하게 된다. 수필은 작가의 체험과 사유에 의해 이루어지는 문학적 공간이기 때문에 끊임없이 유동하는 문학

텍스트이다. 따라서 수필에서 펼쳐지는 의미망은 해석을 가능케 하는 단순한 빈 공간이 아니라, 작가의 삶의 체험을 역동적으로 해석하고 이해할 수 있는 작가의식의 공간이다.

김복임의 수필은 항상 새로운 삶의 공간으로 나아가고자 하는 욕망으로 가득하다. 그의 수필이 지니고 있는 창의적이고 역동적인 힘은 새로운 삶과 세상에 대한 열망으로 가득하며, 자유로운 정신의 소산으로의 강렬한 내적 에너지를 뿜어내는 생명력이다. 그리하여 그의 수필 세계는 삶과 세상의 본질적인 관계에 대한 탐구를 통하여 창작 동기가 생성되며 추동된다. 말하자면 김복임 수필은 이질적인 차이를 통해 새로움을 생성하며 가변 하는 세계이다. 그럼으로써 김복임의 수필은 한편 정해진 곳에서 '정주'하기를 바라는 욕망과 다른 한편으로 그곳을 벗어나 새로운 세계로 '탈주'하기를 바라는 욕망을 반복한다. 그러면서 자신의 삶과 문학을 거듭나게 하고자 하는 일종의 '되기'의 글쓰기를 지향한다.

이런 의미에서 김복임의 수필 세계는 프랑스의 철학자 들뢰즈(Deleuze)와 가타리(Guattari)가 제시하는 철학적 개념들로 해석될 수 있다. 들뢰즈와 가타리는 삶과 글쓰기에 있어서 현재적 '정주'의 지층을 벗어나는 '탈영토화' 혹은 '탈주'에 초점을 두고, 그럼으로써 '되기'의 개념을 제시한다. 이 글은 들뢰즈와 가타리의 생성 철학의 관점에 기초하여 김복임의 수필에 나타나는 정주와 탈주의 과정을 살피고자 하는 것이지만, 이 과정에서 작가의 '여성-되기' 모습은 자연스럽게 드러나게 될 것이다. '되기'란 삶의 모든 대상 혹은 존재를 규정하는 잠재적인 점點으로부터 이루어지는 선線으로의 변신을 낳는 하나의 과정이다. 다시 말해 '되기'란 매 순간 자신이 달라짐에 대해 말하는 차이의 존재론을 나타내는 핵심이라 할 수 있다.

내적 차이 혹은 존재론적 차이는 진정한 자아를 만들어나가는 운동을 의미한다. 마찬가지로 김복임의 수필에서 '되기'는 타자 혹은 세계와의 올바른 관계 맺음을 통하여 자신을 변형시켜가는 운동, 즉 기존의 질서에 안주하거나 정주하는 '있음'은 물론 새로운 세상과 존재를 향하여 '탈주'하고자 하는 힘으로 작동한다. 이는 바로 한 작가가 존재의 차원에서 안주하기보다는 변화와 생동의 '되기'를 통하여 새로운 작가로 거듭나고자 하는 노력이라 할 수 있는 것이다.

2. 자연과 살기 혹은 '정주'의 글쓰기

인간의 생명 활동은 인간이 주체가 되어 살아가는 과정을 통하여 이루어지게 된다. 인간이 어딘가에서 정주한다는 것은 '사람人'이 '주인主'이 되어서 어딘가에 '주거住'하는 것을 말한다. 그러나 인간은 어떤 도달된 목표에도 만족할 수 없기에 새로운 목표를 향해서 움직여 가고자 하고, 그곳에서 정주할 수 없기에 다시 새로운 집을 찾아 헤맨다. 그렇지만 방랑의 끝에 이른 인간은 결국 자신이 정주할 집으로 돌아오게 되고 궁극적으로 그 집은 바로 자연이다. 본질적으로 인간은 자연에서 태어나고 자연과 함께 살아가야 할 존재이기 때문이다. 자연과 함께 살아간다는 것은 자연의 세계를 인정하고 함께 균형을 맞춰나가는 것이다. 그러나 인간의 자연에 대한 탐욕으로 인간과 자연의 균형과 관계는 갈수록 파괴되어 가고 있다. 한 치 앞을 알 수 없는 불확실한 시대에 인간과 자연의 관계가 어떠해야 할 것인가를 묻는 문제는 작가로서 결코 소홀할 수 없는 것이 되었다.

김복임의 문학은 이런 인식을 잘 이루고 있다. 그렇다는 것은 그의 문학이 일차적으로 인간과 자연과의 관계, 더 나아가 그들이 어떻게 공존해야 할 것인가를 깊게 인식하고 있다는 말이다. 이를테면 〈개구리 울음소리〉 같은 작품에서 자연과 인간의 관계에 대한 작가의 사유는 잘 드러나고 있다.

> 밭은 묵정밭이 되고 있지만 논은 붙일 사람은 있다. 수확한 양의 얼마를 주며 논을 경작하니 그나마 다행이다. 모내기 철은 씨도 뿌려야하고 고구마 순도 따서 땅에 심어야 하는 바쁜 철이다. 개구리들의 노래는 고달픈 농부들을 위로 하는 소야곡처럼 들린다.
>
> 전래동화에서 들었던 청개구리의 참회의 울음이 아니라, 내 귓전에 쉼 없이 울려오는 소리는 묵정논으로 만들지 말라는 당부처럼 들리기도 한다. 무논이 사라질 때 개구리들의 터전도 사라질 것을 염려하는 울음인지도 모른다.
>
> 농사지을 사람이 없어 묵정밭만 늘어나는 현실을 받아 들여야 하는 마음이 무겁기만 하다. 어려웠던 시대 춘궁기를 잊지 말라는 당부처럼 들리는 울음소리는 사라지듯 멀어져간다.
>
> 집으로 돌아와도 개구리 울음소리는 내 귀에서 떠나지를 않는다.
>
> ―〈개구리 울음소리〉에서

작가는 '개구리 울음소리'로 상징되는 자연의 소리를 들으며 자연과 삶의 리듬을 함께 하고자 한다. 자연이 들려주는 자명한 생성과 소멸의 리듬 속에서 인간은 무엇이고 자연은 무엇인가를 작가는 묻는다. 쉼 없이 울려오는 청개구리의 울음소리는 화자의 귓전에 묵정논으로 만들지 말라는 당부처럼 들린다. 이는 무논이 사라질 때 개구리들의 삶의 터전도 사라질 것을 염려하는 울음이다. 진정한 인간의 사랑과 평화는 순수한 자연적 힘과 소리 속에서 피어난다. 그래서 작가에게 "개구리들의 노래는 고달픈 농부들을 위로하는 소야곡처럼 들린다."

인간과 자연의 공존 관계는 자연 속에서 여러 동물과 생명체가 함께 할 수 있다는 의식에서 생겨난다. 우주 안에서 산 하늘 강 나무 동물 그리고 인간은 공존하며 살아가야 한다. 그러나 현대과학의 발전과 더불어 인간과 자연 사이의 유기적 관계는 해체되었다. 이제 인간은 자연을 정복하고 지배하는 대상으로 삼고 있다. 인간과 더불어 세상을 구성했던 자연은 인간으로부터 분리되어 착취와 이용의 대상으로 바뀌었다. 마찬가지로 문학에서의 자연에 대한 은유도 점차 사라지게 되었다. 문학에서 자연에의 은유란 작가가 자연과 함께하면서 이루게 되는 공감과 화해와 사랑의 문학 정신을 말한다.

김복임의 많은 수필은 인간과 자연이 공존의 생명성을 지녀야 한다는 사실을 거듭 강조하고 있다. 그렇지만 이것이 단순히 자연과 인간에 대한 현실적 고민에 그치는 것이 아니라 이들이 과연 어떤 미래를 공유할 것인지에 대한 고민을 담고 있다. 예컨대 작가는 표제작인 〈목련나무가 있는 집〉에서 자연의 대상을 통해 인간과 삶의 공존적 모습을 읽어내고 있다.

> 지금 살고 있는 대신동 집에 이사를 왔을 때, 목련나무는 우람하게 양팔을 벌리고 마당에 서 있었다. 그네를 매달아도 될 것 같은 큰 키와 풍만한 자태에 믿음이 갔다. 땅 속 깊이 뿌리를 내리고 머리는 하늘을 향해 서있는 나무는, 현실에 얽매여 땅에 발을 딛고 있지만 이상은 저 높은 곳을 향하고 있는 사람과 많이 닮아 있었다.
>
> ―〈목련나무가 있는 집〉에서

이 목련나무의 가지를 어느 날 남편이 톱으로 모두 잘라내 버린다. 화자는 가지가 잘려나간 나무의 모습을 마치 두 팔이 잘려나간 환자가 붕대를 친친 감고 서 있는 것처럼 아프게 느낀다. 다시 봄이 돌아와도 잎과 가지가 다 잘린 나무는 죽은 듯 그 자리에 서 있다. 화자는 흡사 자신의 마음속에 자라고 있던 작은 소망이 소멸되어 버린 듯 허허롭게 생각한다. 이렇게 김복임의 수필에서는 항상 생명의 가치가 존중된다. 여기서 생명 가치란 인간과 자연 사이의 순환성, 인간과 인간 사이의 관계성, 더 나아가 인간과 자연의 공존성을 말한다. 자연이 인간과 별개로 존재한다고 생각될 수 있지만, 기실 인간은 자연 밖의 존재가 아니라 무한한 존재의 고리로 형성된 하나의 동일체라 하지 않을 수 없다.

김복임 수필의 특성은 일차적으로 자연과 함께 '정주'하며 존재하고자 하는 인식을 지니고 있다는 점을 지적한 바 있지만, 실제로 작가는 흔히 세상의 번잡을 피해 산이나 자연 속에 살기를 택할 뿐만 아니라 인간 세상이 아닌 낙원을 꿈꾸고 있다. 그러나 그가 꿈꾸는 낙원은 초자연적인 세계가 아니라 평화롭고 아름다운 자연의 세계이다. 우리가 자연 속에 존재할 수 있는 것은, 자연이 우리에 대해 어떠한 이익이나 불화의 마음을 품지 않고 있으며 자연은 우리에게 많은 것을 일러주고 가르치고 있기 때문이다. 잘 익은 무화과를 바라보면서 화자는 삶의 아픔과 기쁨을, 희망과 절망을 동시에 일구어낸다.

푸른 산돌배 같은 열매를 매달고 있는 나무를 바라보면 무엇인가 이루고자 집착하고 있던 젊은 날의 내 모습이 숨어 있는 것 같다. 내 재능이나 노력보다 더 큰 성공과 결과를 기대하며 마음 졸이던 때 덜 익은 무화과의 하얀 즙처럼 숨기고 있던 내면의 상처를 보는 것 같았다.

많은 열매를 매달고 있던 나무는 힘에 겨워 열매를 떨어뜨리며 나무 밑에서 말라가는 열매들은 이루지 못한 꿈들이 소멸되어가는 아픔을 느끼던 때, 무화과 잎은 무성히 바람에 날리고 있었다.

떠나온 고향 집 뒤란에 흐드러지게 열던 풍개, 살구, 배 ,사과 ,감 들이 꿈속에 나타나기도 하고 가을에 무수히 떨어지던 밤나무 밑에 서 밤을 줍는 상상을 하며 향수병에 시달리곤 했다.

―〈무화과나무〉에서

인간이 자연의 일부분으로 존재한다고 인식하는 것은 인간이 자연과 맺는 여러 길항 관계를 이해하고 수용하는 것이다. 이런 인식은 바로 생태학적 사유에 바탕 한 것이라 할 수 있는데, 김복임의 작품은 자연과 인간의 공존적 삶에 대하여 깊은 사유를 보여준다. 〈거름더미〉에서 "음식찌꺼기를 땅으로 모두 묻은 날은 나 스스로 만족해 한다. 내가 오늘 살아온 흔적이 세상을 오염시키지 않고 모두 자연으로 되돌아갔구나 하는 생각으로 뭔가 큰일을 해낸 것만 같다."는 대목에서 잘 드러나듯이, 작가의 사유는 철저하게 생태적이다. 그렇기 때문에 작가는 자신이 하는 "작은 일 하나가 나무에게 거름이 되고 그 나무가 작은 그늘을 만든다면, 또한 주렁주렁 열매까지 맺어 그 열매를 수확하는 기쁨까지 맛본다면 이보다 더 보람된 일도 없을 것이다."고 생각한다.

여태 우리는 김복임 수필에 나타난 자연에 기초한 정주의 성격을 살펴보았거니와, 이러한 정주는 문학적 에너지의 변용에 따라 이합과 집산 혹은 차이와 반복을 거듭한다. '차이와 반복'은 들뢰즈 철학의 중심 개념의 하나이지만, 그것이 가지는 생명성은 현대적 삶과 글쓰기에서 구현되어야 할 '되기' 사유의 중심 개념이다.

3. '되기'의 사유와 몸바꾸기

이미 이야기했듯이, 들뢰즈와 가따리 존재론의 핵심 개념은 '되기'이다. '되기'란 고정된 상태가 아니라, 어떤 것에서 다른 것 사이로 변하는 과정을 의미한다. 존재론적 자아는 타자와의 결합에 의해 무수히 달라질 수 있다. 또한 글쓰기에서도 상징이나 은유란 고정된 동일화가 아니며 단순한 모방도 아니다. 요컨대 존재와 글쓰기에서 '되기'는 다양성으로의 변모를 말하는 것이며, '탈주'하는 존재에 대한 은유로서의 무한한 팽창을 의미한다,

김복임의 서술화자들의 자아 구성은 이런 들뢰즈와 가따리의 '되기' 개념에 기초해 있다. '나라는 존재는 무엇인가' '이 세상에는 변하지 않는 것이 하나도 없다.'라는 화자들의 의문은 자아가 배치된 자리에서 벗어나 존재를 새롭게 생성되게 한다. 존재 그 자체가 '되기'이며, 모든 '되기'는 소수자가 되거나 끝내는 지각 불가능한 것으로 나아간다. 지각 불가능한 되기란 고정된 사유나 지각이나 관점을 넘어서서 열려있는 새로운 자유 관념을 가능케 하는 의미를 지닌다. 김복임의 작품에서는 자아가 분리되고 독립된 구성체가 아니라 어떤 사람도 다른 존재가 될 수 있다고 생각한다. 이런 지각은 자아 포기가 아니라 인간의 지각을 넘어선 되기의 자유, 다시 말해 인간이 세계와 함께 새롭게 생성됨을 의미한다. 김복임의 글쓰기에서는 이런 되기의 모습이 다양하게 나타난다.

〈검둥이 스머프〉에서 스머프의 고향이라고 일컬어지는 터키 카파도키아 파샤바 골짜기에서 만난 검둥이를 보면서 어쩌면 신이 사람에게 보낸 사자使者일지도 모른다고 생각하는 것

이나, 〈모란꽃 피는 4월〉에서 모란꽃을 보면서 부활을 믿게 되고 모란은 내년에도 또 그 내년에도 피어나 부활의 소식을 전해줄 것이라고 믿는 것이나, 〈밥상〉에서 밥상은 가슴 저린 눈물을 흘리면서 집을 떠난 탕자의 발걸음을 돌리게 하는 것이라고 생각하면서, 작가는 새로운 삶과 존재론적 갈망을 기구한다.

진정한 의미에서의 글쓰기란 다수성의 해체나 탈주의 선線을 그리는 작업이다. 이 때의 탈주는 단순한 달아남이 아니며 쫓을 수밖에 없는 어떤 것이다. 우리는 글을 쓰면서 늘 소수자들과 접촉하게 된다. 즉 글쓰기는 글을 쓰지 않는 다른 사람에 대해 쓰는 것이고, 서로가 서로에게 탈영토화 되는 가운데 탈주하는 것이다. 이런 '되기'와 '탈주'가 없다면 글쓰기는 삶의 단편적 토로에 그치지 않게 된다.

김복임의 화자는 '되기'를 위해서, 이원론적 사고를 거부하고 고정된 사고로부터의 탈주를 꿈꾼다. '되기'란 이분법적 사고의 틀에서 견고한 분할선을 뚫고 나아가고자 하는 저항적 행위이다. 이런 의미에서 〈목련나무가 있는 집〉은 주목에 값하는 작품이다. 목련나무는 꽃봉오리 끝이 북쪽을 향한다고 해서 북향화라고 불리는 강인한 꽃이다. 나무에 피는 연꽃 같은 자애로운 자태로 인해 혹은 중국에서는 꽃눈이 글을 쓰는 붓을 닮았다고 해서 목필이라고 부르기도 하는 청운지사의 모습이다. 또한 말린 꽃잎을 약재로 쓰기도 하고 차로 마시기도 하는 인애의 나무이기도 하고, 만개하기 전에 봉우리는 하늘을 향해 기도하는 듯 숭고한 자태를 지닌 위엄 있는 꽃이다. 목련꽃이 어렵게 피고 지는 것을 바라보면서 화자는 "세상 이치가 그렇다. 내가 이루었다고 해서 내가 누리는 것이 아니라 온전히 누리는 자의 몫이다. 목련나무가 있는 집을 갖고자 얼마나 많은 노고가 있었을까!"라고 말한다.

> 죽은 듯 서 있던 나무가 이듬해 봄, 그이의 손바닥 만 한 꽃을 한 송이 피웠다. 그 후로 소생하듯 가지에 새순이 돋고 잎이 피어나 몇 년이 지난 올 봄 최고의 선물로 답례를 한다. 뜨거운 열정을 쏟고 난 프리마돈나처럼 아직도 여운이 남아있는 듯하다. 가지에 마른 꽃잎들은 옥양목 치마에 황톳물을 들인 듯 자태가 겸허하다. 무명치마 저고리에 앞치마를 두르고 부절히 움직이다 잠시 마루에 앉아 한 숨 돌리고 있는 어머니의 모습이다.
>
> -〈목련나무가 있는 집〉에서

〈목련나무가 있는 집〉에서 작가는 목련나무와의 만남을 통하여, '되기'가 '상상'이나 '환상'이 아니라 실재적인 대상과의 만남을 통해서 이루어지는 것임을 보여주고 있다. 따라서 이 작품에서 화자와 목련나무와의 몸 바꾸기에 의해 일어나는 '되기'는 삶과 죽음의 경계를 뛰어넘는 탈주와 용기, 결단과 그리움 등의 강렬한 감정적 변화를 동시 발생적으로 일으킨다.

이런 작가의 태도는 과거의 시간들을 끌어들여 현재적 삶을 재생코자 하는 의도에서도 잘 드러난다. 젊은 날의 추억이 봄날의 아지랑이처럼 피어오르는 〈책방〉 〈책방 2〉, 꽃과 벌나비 들이 날아다니며 푸른 잎 같이 흔들리고 있는 옷에 대한 기억을 일구어 내는 〈코트 한 벌〉, 한 켤레의 신발을 보며 우리가 긴 꿈을 꾸고 다음 삶을 위한 예행연습을 하고 있는 것이라고 생각하는 〈한 켤레의 회상〉은 모두 현재적 삶에 대한 현시顯示라고 할 수 있다. 이런 태도는 〈흑백사진〉 〈흔적〉에서 과거의 시간을 반추하는 가운데에서도 반복되어 나타난다.

현재의 시간을 통해서든 과거의 시간을 통해서든, 인간은 접속하는 대상을 순간순간 바꾸고 스스로의 욕망에 따라 삶을 다르게 배치하고 구성한다. 그 과정에서 '변화하는 자신'을 통한 '되기'가 이루어진다. 인간의 '되기'는 끊임없이 '반복'된다. 이때의 '반복'은 '동일함'을 추구하는 것이 아니라 거듭나는 것을 의미한다. 요컨대 '되기'는 자아가 다른 존재와 만나는 시간과 공간 속에서 새로운 관계를 만들어 자신을 새롭게 발전시키는 계기를 만들게 된다.

마찬가지로 김복임은 삶 속에서 만나는 수많은 관계와 접속하며 이 과정에서의 '되기'를 통해 '차이'를 생산한다. 그리하여 작가는 몸 바꾸기를 통해 삶과 죽음 혹은 빛과 어둠의 경계를 뛰어넘는 '탈주'를 이루게 된다.

4. '탈주'의 본능과 여성-되기

여행이란 현재의 삶에서 벗어나 새로운 삶의 체험을 만들어 내는 '탈주'의 본능을 생성하게 한다. 특히 작가에게 여행이란 몸 바꾸기를 통해 '초월적인 존재'가 되기에 이른다. 여행을 통해 다른 시간과 공간에 대면하게 되는 작가들은 차이를 발생시키는 또 다른 '되기'의 시작을 만들기 때문이다. 들뢰즈에 따르면 존재는 영원한 차이를 추구하며 역동적인 생성과 무한한 분화를 이루고자 한다. '열린 사유'로 다른 삶의 대안을 모색코자 한다는 점에서, 여성 작가들의 경우 여행이라는 다른 세상으로의 탈주를 통하여 다른 '여성-되기'의 모습을 보여주게 된다.

'여성–되기'란 기존의 관습화된 제도 속에서 삶을 되풀이하는 여성이 되는 것이 아니라, 존재 자체가 지니는 삶의 리듬 위에 운동하면서 변화를 생산해내는 과정을 의미한다. 김복임의 수필은 이러한 '여성-되기'의 예를 읽을 수 있는 텍스트다. 김복임 수필의 많은 사유는 여행으로부터 나온다. 그는 이원적으로 이념화된 경계를 탈주하여 끊임없이 접속하고 변화해 가는 생성의 방식을 채택한 탈영토화의 과정을 반복하는 유목민적 존재의 모습을 보여준다. 그에게는 여행길이 곧 인생길이 된다. "보이지 않는 경쟁과 삶의 무게에서 벗어나고플 때, 가뭇없이 잠시 이주하는 것이 여행"(〈구름 위에서〉)이다. 여행을 떠나기 위해 비행기 안에서부터 작가는 자유로움과 새로운 세상을 꿈꾸기 시작한다.

비행기 안에서 오랜 시간을 견딘다는 것은 고통스러울 수도 있다. 다행히 창 쪽에 앉으면 창이 오롯이 내 것 인양 얼굴만 한 창을 통해 광활한 세상을 바라보며 하늘을 날아간다. 잘 정돈된 밭이나 논이 큰 떡판처럼 보이기도하고, 강줄기는 신작로 마냥 굽이굽이 돌며 푸른 들을 적시고 있다. 내 땅, 내 집 하던 영역들이 작은 장난감처럼 얽혀있다. 맑은 날은 창망한 하늘을 바라볼 수 있어 마음이 후련해지고, 구름이 있는 날은 솜털 같은 구름바다를 훨훨 날을 수 있어 마음이 가뿐하다. 저물녘 노을 지는 하늘 끝을 바라보기도 하고 밤이 되면 갈맷빛 하늘 끝에서 반달이 불쑥 나타나, 탈바가지를 쓴 넉살좋은 친구마냥 웃고 있기도 한다. 어떤 때는 창창한 별들의 반짝임을 바라보며 언젠가 내가 가야할 어느 별을 상상해 보기도 한다.

―〈구름 위에서〉에서

여행을 위한 작가의 욕망은 들뢰즈가 내세운 '생산으로서의 욕망'이다. 숙명적으로 충족될 수 없는 여성 작가의 욕망, 일상적인 결핍에 시달려야 하는 욕망은 '결여로서의 욕망'이다. 여성은 이에 반하는 '생산으로서의 욕망'을 꿈꾼다. 생산하는 욕망은 '어떤 것의 원인이 될 수 있는 힘'을 말한다. 여성의 몸을 잠재하고 있는 생산의 욕망은 다양한 탈주의 욕망을 낳게 된다.

김복임의 탈주 욕망은 다양하게 변주된다. 러시아의 〈네바강〉, 미국의 〈뉴욕 회상〉, 이탈리아의 〈베네치아〉, 터키의 히에라 폴리스 등으로 다양하게 이루어지면서, 그의 존재론과 글쓰기의 생산의 욕망이 된다. 〈베키오 다리 위에서〉에서는 단테와 베아트리체의 이루지 못한 사랑의 슬픔을 위로하며 흐르고 있는 강을 보는가 하면, 〈보히니 호수〉는 트라글라브 설산 위로 반달이 떠오른 속에서 연을 날리고 있는 소년으로부터 지난 시간의 의미를 읽어내기도 한다.

그런데 김복임의 경우, 중요한 것은 이 같은 질주를 통하여 삶에 대한 인식을 새롭게 이루어 나간다는 것이다. 이를테면 〈오른손이 왼손을〉 같은 작품에서 작가의 이런 인식은 잘 드러난다. 러시아 상트페테르부르크 여행 중에 세계 3대 박물관 중의 하나라는 에르미타주 국립 박물관에서 램브란트의 작품 '돌아온 탕자'를 보게 된다. 이 작품은 성경 누가복음 15장에 나오는 잃은 아들의 비유를 그린 작품이다. 여기서 화자는 "늘 감추기만 했던 거칠어진 오른손을 부드러운 왼손으로 쓰다듬어 보는 시간"을 가지게 된다.

> 기도 할 때의 손을 보면 오른손이 왼손 위에 겹쳐지고, 왼손은 오른손의 든든한 버팀목이 된다. 탕자의 누추함이나 맏아들의 우월감이 하나가 되어 조화를 이룬다. 그림 속 아버지의 힘줄이 두드러진 왼손의 강인함과 오른손의 인자함, 그 두 손처럼 조금 부드러운 왼손과 더 거친 오른손이 있었기에 나약하고 부족한 내가 이 척박한 땅을 딛고 살 수 있는 힘이 되었을 것이다.
>
> —〈오른손이 왼손을〉에서

오른손과 왼손을 바라보는 작가의 시선의 변화는 동시적이다. 여기서 작가의 시선이 두 손을 동시에 볼 수 있는 것은 생성의 본질에 속한다. 생성의 동시성은 사물의 양면성에 대한 동시적 이해를 통해서 가능하다. 그래서 화자는 나약함 속에서 강인함을 보게 되고 강인함 속에서 나약함을 읽게 된다. 이 패러독스는 양가적 의미 혹은 상반된 두 방향을 동시에 긍정한다. 모든 사물은 한정된 하나의 의미와 방향성을 지니게 마련이라는 상식을 이탈해서 다른 양가적 의미를 이해해야 한다는 이원적 사고에 의해 이런 인식은 가능하다. 들뢰즈가 정의했듯이, 생성은 어떤 시간의 한 지점에서 다른 한 지점까지, 어떤 한 사물에서 다른 사물 사이에서 일어난 변화의 과정 전체를 일컫는 개념이다. 그 변화의 과정을 둘러싼 시간과 사물의 양 끝 지점에서 새로운 진리가 이루어지게 된다. 거친 가운데 부드럽고 커지면서 동시에 작아진다는 패러독스는 생성이 고정된 시간의 두 끝점 사이로 닫혀있으면서 동시에 열려있게 한다.

앞서 우리는 김복임의 자아가 정주적 자아와 유목민적 자아로 분열되면서 접속 대상에 따라 다양한 욕망의 형태로 구체화된다는 점을 살핀 바 있다. 마찬가지로 작가의 '탈주' 본능과 그에 따른 다양한 에피소드는 새로운 세상의 시 공간 속에서 생산되는 욕망과 동시성을 지닌 '여성-되기'로 읽을 수 있는 텍스트이다. "강은 나를 따라왔다. 어쩌면 내가 그 강을 따라가고 있는 것인 지도 모른다." (〈콜로라도 강〉) 라는 발언처럼, 김복임의 탈주 본능은 '여성-되기'를 위한 지속적 변신이라 할 수 있다.

5. 나오며

김복임이 보여준 탈주적 사유와 행동은 존재론적이며 동시에 문학적인 것일 수 있는 '되기'의 사례를 보여준다. 김복임의 '되기'의 과정은 기존의 삶의 의미를 배반하고 탈주하여 창조적 세계로 나아가고자 하는 과정과 같은 것이다. 모든 존재는 다른 대상들과의 관계를 통해서 끊임없이 변화한다. 이런 관계들은 김복임 수필에 나타나는 수많은 꽃과의 만남을 통해서 '사람-꽃'이 되고, 나무를 만나면 '사람-나무'가 되는 것처럼, 세상과의 관계 맺음을 통해서 새로운 존재가 되어 다시 나타난다. 자아와 타자의 접속은 단순한 존재의 확장이 아니라 변용 능력의 가능성을 보여주는 것이다. 마찬가지로 작가의 세상과의 접속은 무수히 많은 새로운 관계들로 생성되는 글쓰기를 위한 소통이다.

진정한 글쓰기를 통한 소통은 작가를 담론의 노예로 만들지 않고, 탈주시키고 생성시킨다. 김복임이 만나는 새로운 세상과 사건과의 접속, 그리고 그들을 통한 글쓰기는 작가를 탈주시키고 생성시키는 역할을 한다. 작가는 이러한 절대적 탈영토화의 능력을 발휘함으로써 보다 나은 현실적 모습을 독자들에게 제시할 수 있게 된다. 획일화와 이분법적 선택을 강요하는 힘으로부터의 탈피, 절대적 탈영토화 내부에서 절망과 자포자기에 맞서는 것이야말로 진정한 글쓰기의 힘이다.

김복임은 하나의 삶의 영토에 안주하는 것이 아니라 끊임없이 탈영토화를 시도하였고, 정주의 욕망과 갈등으로부터 탈주를 선택하는 '여성-되기'의 작가 의식을 보여주었다. 이러한 점이 우리가 김복임의 향후 작가로서의 작업을 주목해야 할 이유이다.

김복임 수필집

목련나무가 있는 집

인쇄 2019년 12월 16일
발행 2019년 12월 19일

지은이 김복임
발행인 서정환
펴낸곳 수필과비평사
주소 서울시 종로구 삼일대로 32길 36(익선동 30-6 운현신화타워) 305호
전화 (02) 3675-3885, (063) 275-4000 · 0484
팩스 (063) 274-3131
이메일 sina321@hanmail.net essay321@hanmail.net
출판등록 제300-2013-133호
인쇄 · 제본 신아출판사

ISBN 979-11-5933-254-8 03810

값 13,000원

이 도서의 국립중앙도서관 출판예정도서목록(CIP)은 서지정보유통지원시스템 홈페이지(http://seoji.nl.go.kr)와 국가자료공동목록시스템(http://www.nl.go.kr/kolisnet)에서 이용하실 수 있습니다.(CIP제어번호: CIP2019051697)

Printed in KOREA

* 이 책은 2019년 부산광역시 부산광역시, 부산문화재단 부산문화재단 지역문화예술특성화 지원사업으로 지원을 받았습니다.